COLLECTION

SPORTS POUR TOUS

LAURENCE FRÈRE
CAROLE FERRIOU SÉBASTIEN FLUTE

TIR À L'ARC

ROBERT LAFFONT

Une carte du XVIIIe siècle.

ISBN 2-221-08094-7

Préface

La plume alerte de notre responsable de la communication, Laurence Frère, alliée aux sérieuses connaissances techniques de nos grands, jeunes et sympathiques champions, l'un en tir en campagne, Carole Ferriou, l'autre en discipline olympique, Sébastien Flute, me permettent de dire que c'est un ouvrage de valeur agréable à consulter.

Nous sommes heureux de le faire figurer en bonne place dans notre bibliothèque fédérale parmi les documents que nous proposons pour faire connaître notre sport et promouvoir la pratique du tir à l'arc.

Les titres de chapitres très schématiques permettront aux lecteurs d'y trouver facilement les informations et les renseignements recherchés et cela est une grande qualité qui sera certainement appréciée.

François de Massary
Président de la Fédération française de tir à l'arc.

Sébastien Flute, gaucher, et Carole Ferriou, droitière, deux jeunes champions français au palmarès doré.

Avant-propos

Écrire un livre sur le tir à l'arc avec deux champions est une première en France, c'est aussi une grande joie et surtout une merveilleuse occasion de mieux faire connaître à un public dépassant celui des compétiteurs passionnés ce sport et son approche vus par des champions français.
De 10 000 licenciés en 1975, la Fédération française de tir à l'arc en est aujourd'hui à plus de 50 000 répartis dans 1 800 clubs, et le tir à l'arc est devenu l'une des activités vedettes proposées par les stations et les centres de vacances.
En 1995, un archer de haut niveau est un sportif complet adepte d'une discipline olympique.
Carole Ferriou a dix-neuf ans lorsqu'elle remporte le titre de championne du monde de tir en campagne en 1990, Sébastien Flute en a dix-huit lorsqu'il devient champion du monde en salle en 1991 et seulement vingt le 3 août 1992 lorsqu'il remporte la médaille d'or aux Jeux olympiques de Barcelone, la récompense suprême pour une carrière sportive.

C'est non seulement la victoire de la jeunesse dans un sport réputé pour avoir des champions d'âge mûr, mais aussi et surtout la victoire du travail et celle de l'école du tir à l'arc français, car tous deux sont de purs produits du giron fédéral.
Dans cet ouvrage, vous allez découvrir le tir à l'arc à travers les conseils et le vécu de nos deux jeunes champions.
Nous avons voulu cet ouvrage très pratique pour le rendre accessible au plus grand nombre.
Tir olympique, FITA, tir en campagne, parcours nature, beursault, archerie-golf, arc classique, droit, à poulies... Néophyte, vous avez de quoi vous y perdre tant le tir à l'arc est un sport riche.
Archer loisir, vous souhaitez acquérir les bases qui vous aideront à bien débuter, compétiteur, vous allez découvrir les méthodes d'entraînement adaptées à votre niveau.
Ce livre devrait apporter à chacun les éclaircissements qu'il attend et devenir un indispensable compagnon dans la valise d'arc.

Quelques mots d'histoire

L'histoire du tir à l'arc est très riche, puisqu'elle remonte à la nuit des temps. Arme de guerre dans l'Antiquité, arme de chasse pour les Romains, l'arc est l'arme principale utilisée au Moyen Âge. On se souvient des batailles de Crécy (1346), de Poitiers (1356), d'Azincourt (1415) où les archers anglais infligèrent plusieurs défaites aux arbalétriers français.
En 1448, Charles VII crée le corps des francs archers, à vocation militaire, qui jouait un rôle de réserve nationale, et qui présentait l'énorme avantage pour quiconque lui appartenait d'être exempté d'impôt.
À la même époque apparaissent les confréries et les premières compagnies d'archers : le tir à l'arc devient alors un jeu codifié. Ces règlements sont encore appliqués aujourd'hui dans certaines compagnies d'arc à travers ce que l'on appelle les règles de la chevalerie de l'arc qui développent les notions d'honneur, de solidarité, de courtoisie, et de bienséance.
Il ne faut pas oublier la connotation religieuse des compagnies d'archers qui ont toutes pour patron saint Sébastien.
La codification de la pratique du tir à l'arc à cette époque est identique à ce qui survit encore aujourd'hui dans le cadre du tir à l'arc traditionnel : le beursault, l'organisation de bouquets provinciaux, le tir à l'oiseau, le tir du Roy de France.
À la Révolution, les confréries des francs archers sont dissoutes.
Au XIXe siècle, le tir à l'arc commence à se structurer. Les compagnies se réunissent en rondes et en familles, particulièrement en Île-de-France et en Picardie.
En 1928, la Fédération française de tir à l'arc voit le jour. Plus tard, elle sera à l'origine de la création de la Fédération internationale de tir à l'arc qui regroupe aujourd'hui 75 fédérations nationales.
Aujourd'hui, le tir à l'arc est développé sur l'ensemble du territoire français, de manière assez harmonieuse.
La FFTA compte plus de 50 000 licenciés répartis dans 1 800 clubs.
Le nombre des pratiquants est évalué à 100 000.

« Lundi soir », tableau flamand qui montre bien l'ambiance d'un jeu d'arc au siècle dernier.

Saint Sébastien, patron des archers.

Découverte

Le tir à l'arc : un loisir pour tous

PRÉSENTATION DU MATÉRIEL D'INITIATION

L'initiation au tir à l'arc ne nécessite pas l'acquisition préalable du matériel d'archerie. Si elle vous est proposée dans une structure organisée du type club, station de vacances, centre de vacances, tout vous sera prêté : arc, flèches, palette, bracelet, plastron. L'achat préalable de matériel d'archerie est même déconseillé pour plusieurs raisons :

- vous ne connaissez pas votre puissance, surtout si vous n'avez pas la technique ;
- le matériel d'initiation ne sert que quelques mois et, sans être très onéreux, vous dépenserez vite plus de 1 000 F.

Tout le monde peut tirer à l'arc. Ce n'est pas vous qui devez vous adapter à la puissance de l'arc, mais l'arc qui doit être adapté à votre puissance.

L'ARC

Pour qui n'a jamais tenu d'arc, l'arc d'initiation est déjà un bel objet, et vous aurez du plaisir à l'utiliser. La plupart des arcs d'initiation sont en bois clair verni peint, quelques-uns ont une poignée en métal. L'arc d'initiation est démontable, tout comme les arcs classiques de compétition. Ses différentes parties sont : la poignée ou corps de l'arc, généralement en bois, c'est la partie par laquelle on tient l'arc avec la main du bras d'arc. Il existe des poignées pour gaucher et pour droitier. Quelques fabricants proposent également des arcs ambidextres. Le repose-flèche et le viseur seront fixés sur la poignée.

LES 2 BRANCHES

Elles sont en bois et fibre de verre. Leurs deux principales caractéristiques sont leur puissance mesurée en « livres » et leur taille mesurée en pouces.

LA CORDE

Elle est composée de brins très fins de kevlar (ou fast flight ou « dacron »).

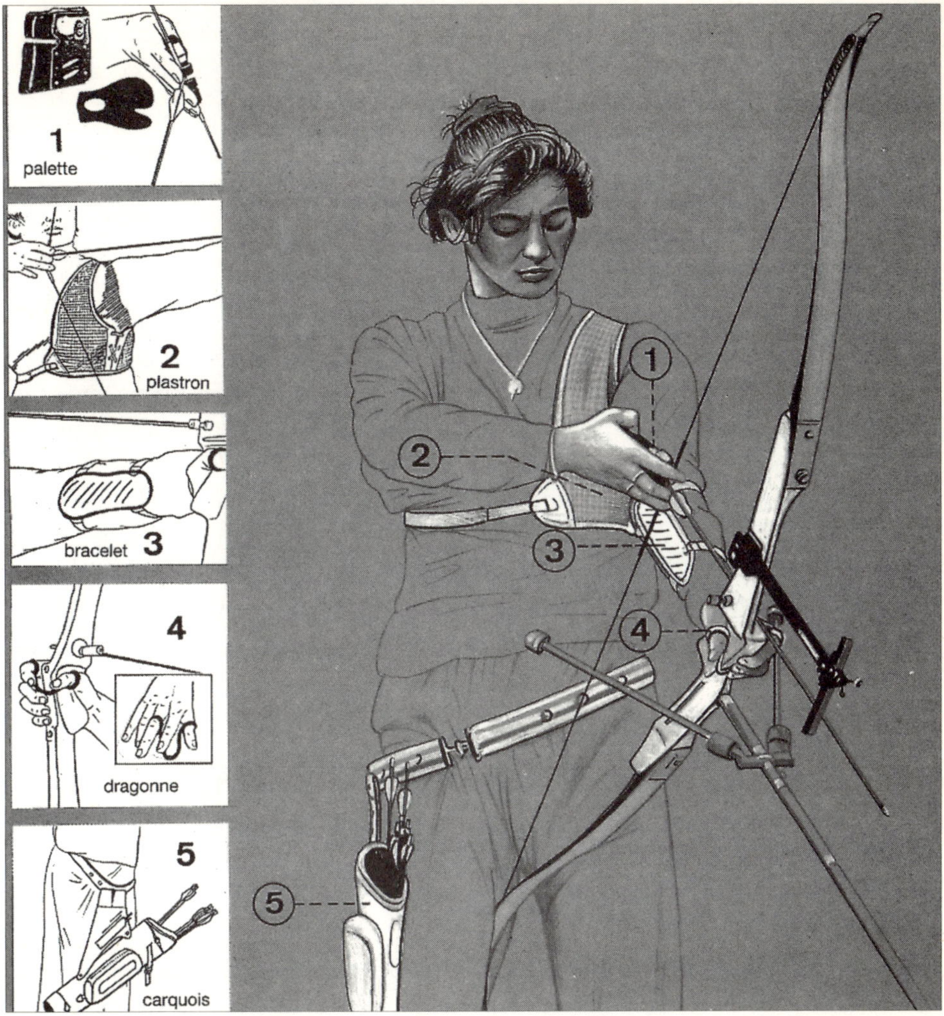

L'arc et ses accessoires : Carole Ferriou se prépare à tirer avec son arc de compétition. La flèche est encochée sur la corde et les doigts protégés par la palette sont placés : l'index est au-dessus de l'encoche, le majeur et l'annulaire au-dessous. L'accroche se fait dans la première phalange. Le plastron attaché du côté du bras d'arc évite à la corde d'accrocher les vêtements. Le bracelet placé sur l'avant-bras d'arc protège le bras au passage de la corde. La dragonne relie l'arc à la main d'arc, indispensable pour la fin de geste. Le carquois est fixé à la taille du côté de la main de corde.

LES ACCESSOIRES

Plus on pratique le tir à l'arc, plus on s'aperçoit de l'importance des différents accessoires de tir.

LA PALETTE

Elle protège les doigts et devient avec le temps quelque chose de très personnel pour l'archer. Pour l'initiation, la palette est tout simplement

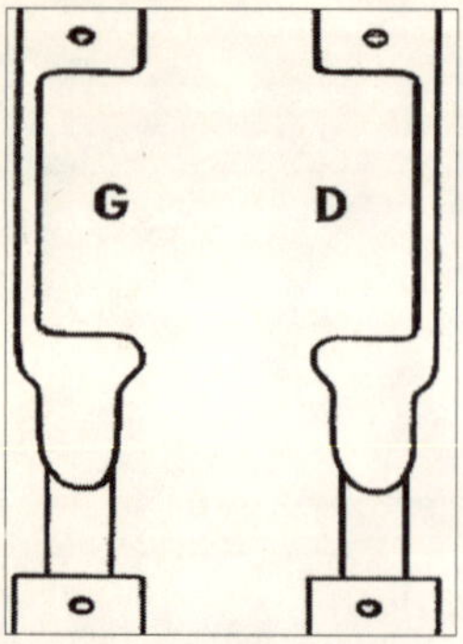

La fenêtre est la partie creusée de la poignée à l'intérieur de laquelle on pose le repose-flèche et le clicker qui se rabat sur la poignée, en pleine allonge. Gauchers et droitiers utilisent des poignées différentes, la fenêtre est à gauche pour un droitier.

une petite pièce de plastique ou de cuir et s'enfile sur les doigts qui tiennent la corde. Spécifiez si vous êtes droitier ou gaucher.

LE BRACELET

Il est fixé sur l'avant-bras. Normalement, dans l'emploi d'une technique convenable, la corde ne doit pas toucher le bras d'arc lors de la propulsion de la flèche. Cependant, il protège le bras lorsque l'on tire bras nus, évitant quelques désagréments lorsque la corde vient frotter le bras d'arc après le lâcher, surtout si vous êtes hyperlaxe, c'est-à-dire si votre articulation du coude est très souple et fait ressortir votre avant-bras lorsque vous le tendez. Si vous portez un vêtement à manches longues, le bracelet sert aussi à enserrer le tissu qui pourrait gêner le passage de la corde. Si votre technique n'est pas encore irréprochable, munissez-vous d'un bracelet. Même les grands champions en portent.

LE PLASTRON

Tous les archers n'en portent pas, même à haut niveau. Il se fixe lui aussi du côté du bras d'arc et permet de plaquer les vêtements près du corps pour éviter de gêner le passage de la corde. Pour les femmes, le plastron présente aussi l'avantage de protéger la poitrine.

À noter que les archers se servent aussi de leur plastron comme point de repère dans leur position de tir. N'oubliez pas de préciser si vous êtes droitier ou gaucher lorsque vous en achetez un.

LE CARQUOIS

Dorsal ou de taille le plus souvent, pour y mettre vos flèches ; à vous de choisir selon vos goûts et vos moyens, et vous y accrocherez souvenirs et gri-gri, et autres porte-bonheur. Il existe aussi des carquois d'arc permettant de placer les flèches le long du corps de l'arc.

LA DRAGONNE

Ce petit bout de corde peut paraître futile aux néophytes et pourtant vous découvrirez vite sa grande utilité dès que vous aurez un peu de technique. La dragonne relie la main d'arc à l'arc pour éviter qu'il ne tombe lorsqu'en fin de geste il fait balancier. Le réglage de la dragonne doit être précis, laissant à l'arc un débattement de 2 cm.

Descriptif général de l'arc

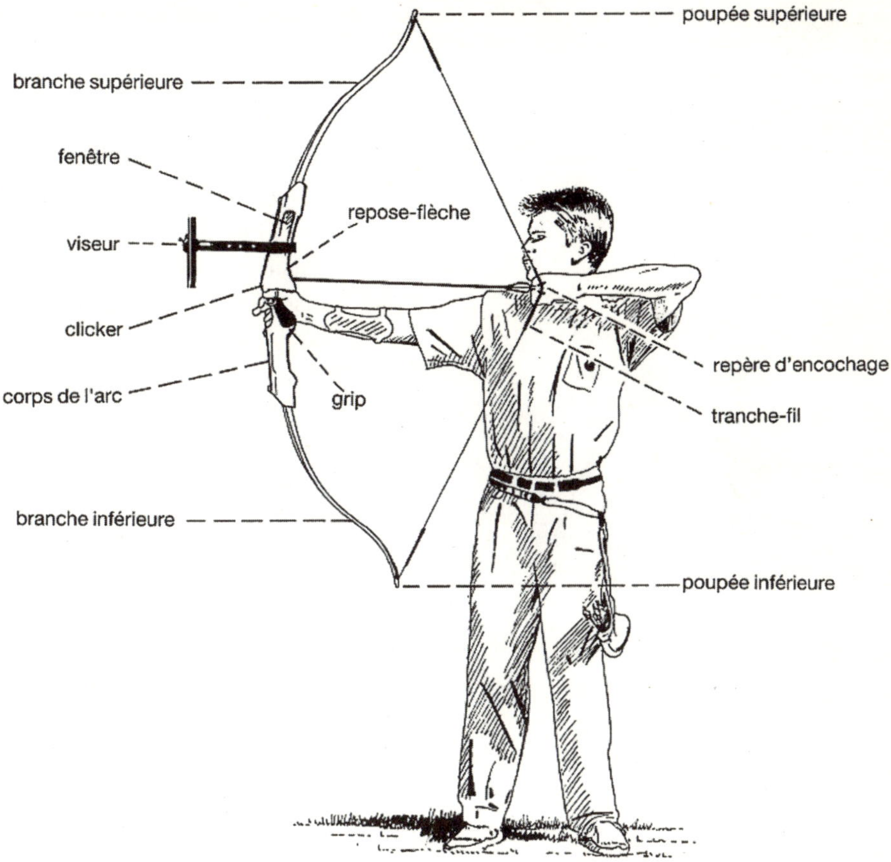

L'arc classique est démontable. Sur l'extrémité de chacune des deux branches se trouve une double encoche pour y accrocher la corde. La corde est renforcée par un tranche-fil à chaque bout et au milieu. On ajoute sur elle deux repères à encochage pour placer la flèche.

RANGER SON MATÉRIEL

Le matériel d'archerie, assez onéreux et fragile, demande qu'on lui porte le plus grand soin. Pour le ranger et le transporter il existe des mallettes et des housses spécialement étudiées. Pour un arc de compétition : plus lourd, plus fragile, un nombre d'accessoires plus important, il a donc besoin d'une valise solide. Les valises thermoformées épouseront parfaitement la forme de votre arc ; ainsi, il sera bloqué et protégé des chocs durant les transports. Veillez à ce que votre valise soit munie de roulettes car, une fois remplie, elle pèsera lourd portée à bout de bras.
Pour un arc monobloc, vous pouvez ajouter une housse.

Flèches en aluminium utilisées surtout pour le tir en salle pour leur diamètre plus important que celui des tubes en carbone permettant des cordons plus favorables, leur pénétration dans l'air est moins bonne que celle des tubes carbone, cela a une importance pour le tir en extérieur pratiqué dans des conditions climatiques parfois difficiles et à longues distances (30 à 90 m).

LES FLÈCHES

Si, pour les débutants, les flèches d'initiation sont vendues montées, il n'en est pas de même pour les archers confirmés.

En effet, une flèche est faite d'un assemblage de différentes pièces que l'archer devra choisir selon sa technique, la puissance de son arc, sa discipline et son goût personnel. La préparation d'une flèche demande précision et minutie.

Les différentes parties d'une flèche sont :

- le tube
- la pointe
- les plumes
- l'encoche.

LE TUBE

La fabrication des tubes a considérablement évolué depuis 1985, où l'on est passé de l'aluminium à l'alu-carbone et maintenant au carbone utilisé par la plupart

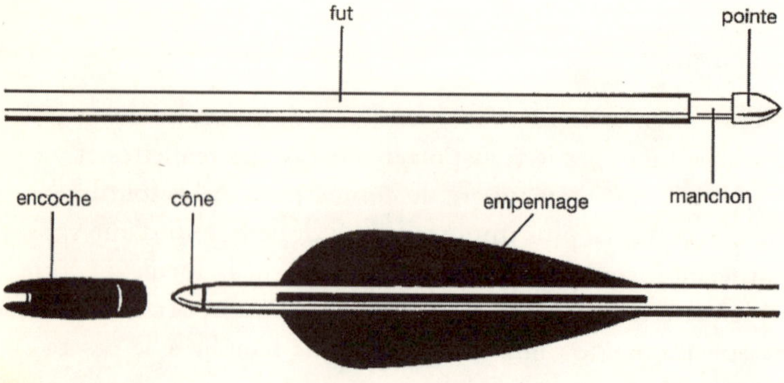

Les différentes parties d'une flèche.
Leurs prix varie de 20 à 100 F selon leur qualité. À noter que la pointe est toujours lisse pour toutes les disciplines du tir à l'arc sportif.

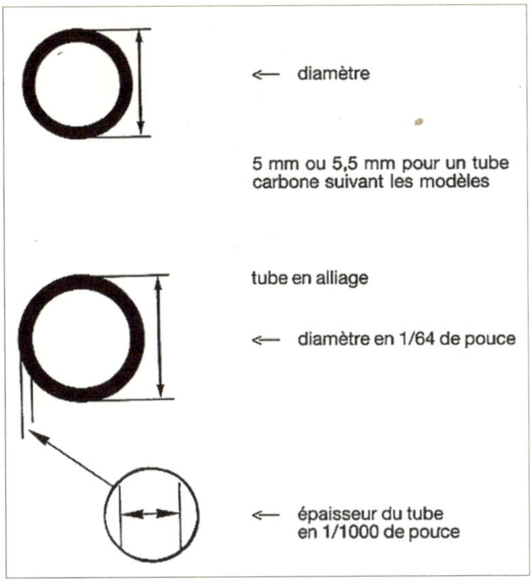

des archers de haut niveau pour le tir en extérieur.

Tubes aluminium

Exemple de référence : 14/16 - 22/15. Les références des tubes peuvent paraître barbares aux néophytes. Sachez cependant que le premier nombre indique le diamètre du tube mesuré en 1/64 de pouce et le deuxième nombre indique l'épaisseur de la paroi en 1/1 000 de pouce. 1 pouce = 2,54 cm. Pour vous aider à choisir vos tubes, n'hésitez pas à consulter les tableaux de référence de chaque fabricant.

Tubes carbone

Les références sont particulières à chaque marque.

Tube mixte alu-carbone

Les références sont propres à chaque fabricant.

Flèches en bois

LES POINTES

Il existe plusieurs types de pointes. Le choix se fait en fonction du diamètre et de la rigidité du tube.

En règle générale : une pointe lourde assouplit le tube, une pointe légère raidit le tube. Des tableaux existent pour vous aider à choisir vos pointes.

LES PLUMES

Elles sont un élément à la fois technique et esthétique de la flèche.

Fluo ou non, elles sont en général de couleur vive afin de vous permettre de les voir en cible.

Pour encore mieux les différencier, vous pouvez sur les 3 plumes en coller une d'une couleur différente, celle-ci étant généralement celle qui est orientée vers l'extérieur de l'arc. (voir schéma p. 18). La longueur des plumes va de 3 à 8 cm.

En quelle matière sont les plumes ?

Les plumes naturelles : rares, chères et très fragiles, elles sont utilisées par certains chasseurs et kyudo kas.

- Les plumes synthétiques : certaines imitent les plumes naturelles et sont utilisées en chasse ou en parcours nature.
- En plastique : pour le tir cible et le tir en campagne.

Elles sont de différents types
- Paraboliques,
- Delta,
- Spin wing.

Sébastien Flute et le choix des plumes : « Si vous utilisez des tubes carbone, optez de préférence pour des spin wing, plus légères, ou pour des plumes plastique courtes. Pour la couleur : pour mieux voir vos flèches en cible, choisissez des plumes fluo ou de couleur claire ».

LES ENCOCHES

Toujours en plastique, il en existe de plusieurs tailles que vous choisirez en fonction du diamètre de la corde. Enfin, sur chacun de vos tubes, surtout si vous faites de la compétition, il vous sera demandé d'apposer vos initiales, votre nom ou encore un signe distinctif.

COMMENT RETIRER LES FLÈCHES DE LA CIBLE ?

- Attendez que tout le monde ait fini de tirer pour aller aux cibles.
- En retirant la flèche, vérifiez que personne ne se trouve derrière vous, vous pourriez blesser quelqu'un avec l'encoche.
- Si vous la tenez par le milieu du tube, vous risquez de la tordre.
- Une main appuyée sur la cible, l'autre prend la flèche par l'extrémité se trouvant en cible.
- En compétition, marquez les impacts.

Pour une flèche tirée avec un arc à poulies, la poussée étant retransmise progressivement à la flèche, celle-ci est moins déformée. Donc les flèches tirées avec un arc à poulies devront être plus souples qu'avec un arc classique. Il faut noter que les flèches aluminium sont plus souples que les flèches carbone. Les plumes plus grandes offrent plus de stabilité et moins de vitesse, et donc aux longues distances mieux vaut utiliser des petites plumes.

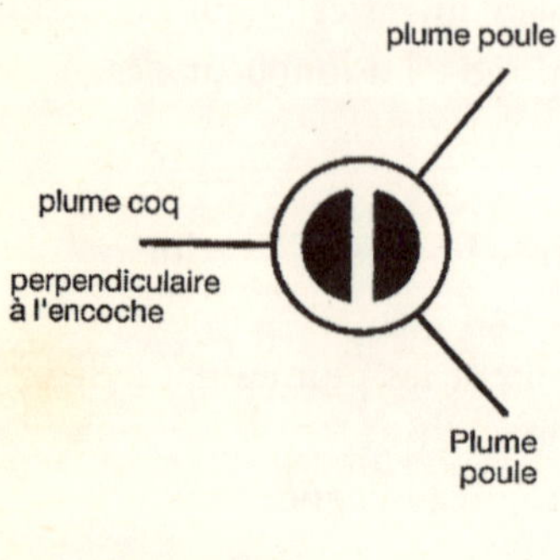

Le placement des plumes est précis. Une flèche comporte généralement des plumes de deux couleurs différentes, aidant les débutants à bien encocher celle-ci sur la corde « la plume coq » d'une couleur est toujours encochée vers l'extérieur de l'arc, les deux autres plumes sont appelées « plumes poules ».

On enlève les flèches de la cible après avoir marqué les impacts, en faisant attention que personne n'est derrière; si la flèche est difficile à enlever faites vous aider.

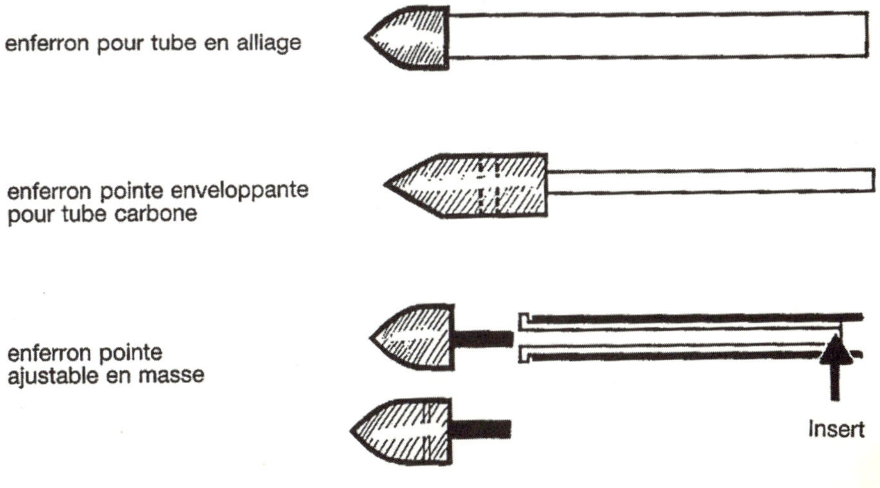

Les pointes (ou enferrono) sont différentes selon qu'elles sont destinées à des tubes en alliage ou en carbone.

Du loisir au sport, les différentes disciplines

Vous venez d'achever votre cycle d'initiation, c'est maintenant que vous allez pouvoir véritablement goûter aux joies de la pratique du tir à l'arc. Vers quel type de pratique vous orientez-vous ? Du loisir à la compétition mis à part le tir FITA ou tir aux distances olympiques (lire p. 22), toutes les disciplines du tir à l'arc se prêtent autant au loisir qu'à la compétition. Les disciplines du tir à l'arc peuvent être divisées en 4 groupes.

- Le tir cible : qui est une pratique statique. Le tir en salle à des distances courtes : 18 et 25 m ou le tir en extérieur avec le tir fédéral ou le tir aux distances olympiques ou FITA qui s'adressent à tous ceux qui sont passionnés de technique pure et qui tôt ou tard viendront à la compétition.
- Les parcours avec le tir en campagne et le tir nature : ils permettent, en plus du plaisir de tirer à l'arc, de le pratiquer en pleine nature et demandent instinct et capacité à évaluer les distances.
- Le tir traditionnel : avec le beursault et le tir à l'oiseau, qui imposent les règles assez strictes de la chevalerie et le cérémonial de la tradition.
- Les disciplines de loisir que sont le tir au drapeau et l'archerie-golf, dont la pratique est malheureusement assez peu répandue.

LE TIR CIBLE

LE BLASON DE TIR CIBLE

Tout d'abord, il est important de définir ce qu'est un blason. C'est la feuille de papier sur laquelle sont imprimées les zones de points. La cible est le support rigide (en paille ou en mousse) sur lequel on fixe le blason. En tir cible, le blason est toujours identique, seule sa taille varie selon les distances. Les zones se décomposent ainsi en partant du centre.

- Couleur jaune : 10 et 9 points.

Le dix comporte une croix au centre. Il est réduit de moitié pour les arcs à poulies.

- Couleur rouge : 8 et 7 points.

• Couleur bleue : 6 et 5 points.
• Couleur noire : 4 et 3 points.
• Couleur blanche : 2 et 1 points.

Le trait très fin qui sépare deux zones de points s'appelle un cordon. Il est jugé à l'avantage, c'est-à-dire que si une flèche touche le cordon, c'est la plus forte valeur de point qui sera accordée.

LE TIR EN SALLE

Sa pratique est assez récente en compétition, mais elle est certainement la plus répandue en France. Le tir en salle permet entraînement et organisation de compétitions toute l'année, compte tenu de nos conditions climatiques. Il permet aux citadins et aux personnes qui travaillent de tirer aussi bien en semaine, le soir, que le week-end et grâce aux distances courtes d'atteindre en une saison un niveau de performance assez élevé même avec un arc de faible puissance.

DISTANCES DE TIR ET TAILLES DE BLASON OFFICIELLES EN SALLE

Distances de compétition	**Taille des blasons**	**Blasons trispots**
18 m	40 cm	Oui
25 m	60 cm	Non

LES BLASONS TRISPOTS

En salle, les archers devenant de plus en plus précis et se rapprochant de la perfection, sur les tirs à courtes distances, les règlements internationaux prévoient des blasons dits trispots dans les phases qualificatives et dans les phases finales pour toutes les catégories. Un blason trispots est composé de trois petites cibles, auxquelles on a enlevé les zones de points de 5 à 1, destinées à recevoir chacune une seule flèche.

Pour les bons tireurs, l'avantage principal est que les flèches ne se touchent pas à l'arrivée en cible, ce qui évite soit des déviations, soit des détériorations de la flèche.

Pour les tireurs de niveau moins élevé, le blason trispots peut être un facteur d'erreur (deux flèches dans le même spot) et ne pardonne rien (une flèche tirée au-delà de la première zone du bleu vaut zéro).

Pour les arcs à poulies, la taille du 10 est toujours réduite de moitié.

Toujours en raison des distances courtes, il permet aux enfants de se familiariser très vite avec la compétition, éventuellement en utilisant des blasons de diamètre supérieur : 80 cm ou même 122 cm.

LE TIR EN EXTÉRIEUR

C'est par lui que la plupart des personnes qui découvrent le tir à l'arc au cours de leurs vacances d'été commencent.

Depuis une quinzaine d'années, le tir à l'arc est très répandu dans les centres et les clubs de vacances ainsi que dans les stations de montagne. L'arrivée dans les clubs se situant la plupart du temps en septembre, on commence le tir en extérieur aux distances de compétition au printemps. Quelles disciplines s'offrent à vous ?

Le tir FITA en tir olympique se pratique sur terrain plat, lors des compétitions les archers sont alignés, tous vêtus en tenue blanche, durant une journée entière.

LE TIR FITA OU TIR AUX DISTANCES OLYMPIQUES

La dénomination de FITA, qui signifie Fédération internationale de tir à l'arc, vient du fait que cette discipline est la seule admise aux Jeux olympiques, et ce depuis 1972.

Le FITA se tire sur quatre distances, à raison de 36 flèches par distance par volées de 3.

Les longues distances

90 et 70 m pour les hommes, 70 et 60 m pour les femmes sur des blasons de 122 cm de diamètre.

Les courtes distances

50 et 30 m sur blason de 80 cm.

Le FITA est une épreuve longue qui demande un volume d'entraînement important. Il se déroule sur 144 flèches et est le plus souvent organisé sur une seule journée.

Si vous n'êtes pas en pleine possession de vos moyens, votre arc vous semblera trop puissant, votre score s'en ressentira et vous risquerez de vous blesser (tendinite). En bref, vous ne prendrez pas de plaisir à tirer à l'arc. Bien entraîné, en revanche, vous allez progresser et essayer de franchir les étapes matérialisées par des étoiles décernées par la Fédération internationale de tir à l'arc. Vous les obtiendrez lors de compétitions portant le label « FITA STAR ».

Niveau régional

L'étoile FITA 1 000 pour 1 000 points,
L'étoile FITA 1 100 pour 1 100 points (fond noir).

Niveau national

L'étoile FITA 1 200 pour 1 200 points (bleue).

Niveau international

L'étoile FITA 1 300 pour 1 300 points (rouge).
À ce jour non décernée :
L'étoile FITA 1 400 pour 1 400 points (jaune).
Le tir à l'arc veut rester olympique.

UN RÈGLEMENT EN PLEINE ÉVOLUTION

Jusqu'en 1986, les championnats internationaux FITA étaient organisés sur un double FITA, soit 288 flèches, autrement dit un véritable marathon.

En 1987, la discipline FITA a été modifiée. À la recherche de la médiatisation, la Fédération internationale a introduit « le grand FITA Round » qui a pour principe la mise en place de quatre phases finales successives sur 36 flèches chacune. À chaque étape, les compteurs sont remis à zéro et tous les archers restant en course tirent chaque phase simultanément (lire le chapitre sur la médiatisation p. 126).

En 1992, la Fédération internationale de tir à l'arc, ayant pris conscience de la nécessité d'évoluer vers un règlement plus adapté aux exigences médiatiques, le maintien du tir à l'arc comme discipline olympique passant par cette évolution, il fut décidé de tester un nouveau règlement aux Jeux olympiques de Barcelone. Ainsi les phases finales furent disputées sous forme de tableau en élimination directe, avec des duels sur 12 flèches à l'unique distance de 70 m. À partir des quarts de finale, le tir devient alterné flèche à flèche entre les deux archers. Cette formule recueillit l'adhésion de tous, spectateurs, médias, instances olympiques.

Pour rester dans l'optique du C.I.O. (Comité international olympique), quelques légères modifications ont encore été adoptées.

Désormais, les premiers tours, 1/32e, 1/16e, 1/8e de finales sont sur 18 flèches, et sur 12 flèches en tir alterné à partir des 1/4 de finale.

À Atlanta en 1996, seuls 64 hommes et 64 femmes seront autorisés à participer. Pour ranger les archers dans le tableau on effectuera préalablement un tir de 72 flèches à 70 m.
Le « vieux » F.I.T.A. est menacé.

LES AUTRES DISCIPLINES DU TIR CIBLE

Si vous aimez le tir de compétition en extérieur, une autre discipline s'offre à vous, moins longue, dérivée du FITA puisqu'elle se limite aux courtes distances du tir FITA. Il s'agit du « tir fédéral », plus populaire, pratiqué à 50 m et 30 m.
En une demi-journée, vous aurez achevé votre compétition.
Attention à la tenue : la tenue blanche est de rigueur, sauf si vous portez le polo de votre club.

LES DISCIPLINES DE PARCOURS TIR EN CAMPAGNE ET PARCOURS NATURE

Moins statique que les disciplines du tir cible, le tir en campagne et le parcours nature vous offriront à la fois le plaisir de tirer à l'arc, le but d'une longue balade, la possibilité de pratiquer en petit groupe avec votre famille ou vos amis. Il existe des parcours permanents, ainsi que des parcours aménagés spécialement pour les compétitions.

LE TIR EN CAMPAGNE

Discipline internationale, le parcours de tir en campagne est aménagé sur 24 cibles : 12 cibles aux distances connues et 12 cibles aux distances inconnues. Cette discipline n'a rien à voir avec un parcours d'orientation ; le parcours est bien balisé et tient compte dans son dessin de la sécurité des archers. Les grandes épreuves sont organisées sur le double de cibles avec l'organisation de finales regroupant les meilleurs de chaque catégorie.

Les phases finales en tir en campagne

Après les qualifications sont retenus pour les phases finales :
1/8e de finale : 16 archers - parcours de 12 cibles
1/4 de finale : 8 archers - parcours de 12 cibles
1/2 finale : 4 archers - parcours de 4 cibles
finales : 2 archers - parcours de 4 cibles.

Le blason field

Il a subi une modification importante au cours de l'année 1994.
À l'origine à base d'un dégradé de gris avec un centre blanc, il a été transformé par les instances internationales. Désormais, son centre est jaune comme le blason de tir cible avec un centre réduit pour

Le tir en campagne se pratique sur terrain accidenté, le blason est gris anthracite et jaune au centre.

les arcs à poulies. Toutes les autres zones sont uniformément gris foncé, seuls les cordons laissent voir les différentes zones.

Au tir en campagne, la marque va de 5 au centre à 1 pour la zone extérieure. Il arrive fréquemment qu'en cas de mauvaise évaluation de la distance l'archer rate la cible. À chaque cible, l'archer tire 3 flèches d'un même pas de tir, sur un blason dont la taille varie en fonction de la distance. Il dispose de quatre minutes.

Le score maximal sur 24 cibles : 360 points.

Trois catégories d'arc sont reconnues. Ici l'arc nu avec Jean-François Maranzana, champion du monde par équipe en 1994.

Recommandation de Carole Ferriou aux débutants : « Pour votre première compétition de tir en campagne ou de tir nature, soyez prévoyant, emportez au moins une dizaine de flèches en prévision de perte ou de casse. N'ayez pas honte, vous ne serez ni le premier ni le dernier à toutes les perdre ! »

Trois catégories d'arcs sont reconnues pour le tir en campagne, souvent désignées avec leur traduction en anglais :

- L'arc classique dans la catégorie tir libre ou free style
- L'arc sans viseur dans la catégorie arc nu ou bare bow
- L'arc à poulies dans la catégorie arc à poulies ou compound.

TABLEAU DES DISTANCES INCONNUES

Cibles		Distances minimales/maximales en mètres	
Nombre de cibles	Diamètre du blason en cm	Piquet bleu arc nu	Piquet rouge tir libre - compound
3	D 20	5-10	10-15
3	D 40	10-20	15-25
3	D 60	15-30	20-35
3	D 80	30-45	35-55

La somme totale des distances des 3 cibles de même diamètre doit être égale à trois fois la distance moyenne. La tolérance moyenne ne peut excéder - 10 %.

TABLEAU DES DISTANCES CONNUES

Cibles		Distances minimales maximales en mètres	
Nombre de cibles	Diamètre du blason en cm	Piquet bleu arc nu	Piquet rouge tir libre - compound
3	D 20	5-10-15	10-15-20
3	D 40	15-20-25	20-25-30
3	D 60	30-35-40	35-40-45
3	D 80	40-45-50	50-55-60

LE PARCOURS NATURE

Précédemment appelé tir chasse, il se tire en 21 cibles sur blasons animaliers répartis en trois groupes : les petits, les moyens et les gros animaux.

Sur chaque blason est représenté un animal qui comporte une zone « tué » et une zone « blessé ».

À chaque cible l'archer dispose de trente secondes pour :

- partir du piquet d'attente (jaune),
- se diriger vers le premier piquet de tir, découvrir la cible et tirer sa première flèche (bleu),
- se rendre au second piquet de tir et tirer sa seconde flèche (rouge).

Le blason est divisé en deux zones

La zone « blessé » qui correspond au contour de l'animal, et la zone « tué » qui correspond au centre du corps de l'animal (cette zone peut être ovoïde ou circulaire).

Il existe 4 tailles de blasons :

- grands gibiers : diamètre zone tué 300 mm (ours, sangliers, cerfs)
- gibiers moyens : diamètre zone tué 225 mm (chevreuils, loups)
- petits gibiers : diamètre zone tué 150 mm (renards, lièvres)
- petits animaux : diamètre zone tué 75 mm (faisans, lapins).

Le comptage des points s'effectue ainsi :

- 1re flèche : zone tué 20 points; zone blessé 15 points.
- 2e flèche : zone tué 15 points; zone blessé 10 points.

Nombreuses sont les catégories d'arcs reconnues en parcours nature pour permettre au plus grand nombre d'archers de s'y exprimer.

- Arc chasse : longueur maxi 64 pouces, flèches de 30 g maxi pour les hommes, 20 g pour les femmes.
- Arc classique : monobloc ou démontable, nu.
- Arc à poulies ou compound.
- Arc libre : classique ou compound avec tous les accessoires.
- Arc droit : arc nu simple courbure et flèches en bois.

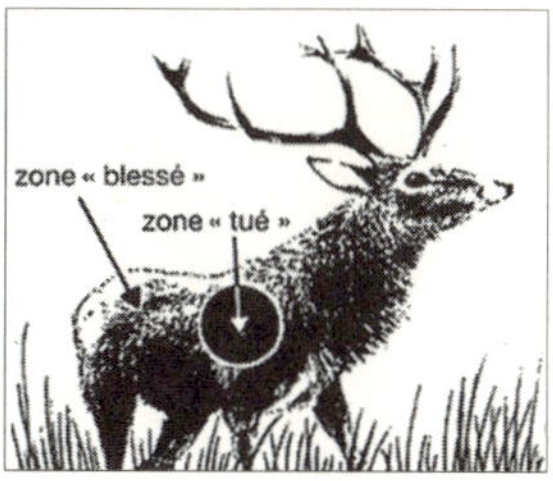

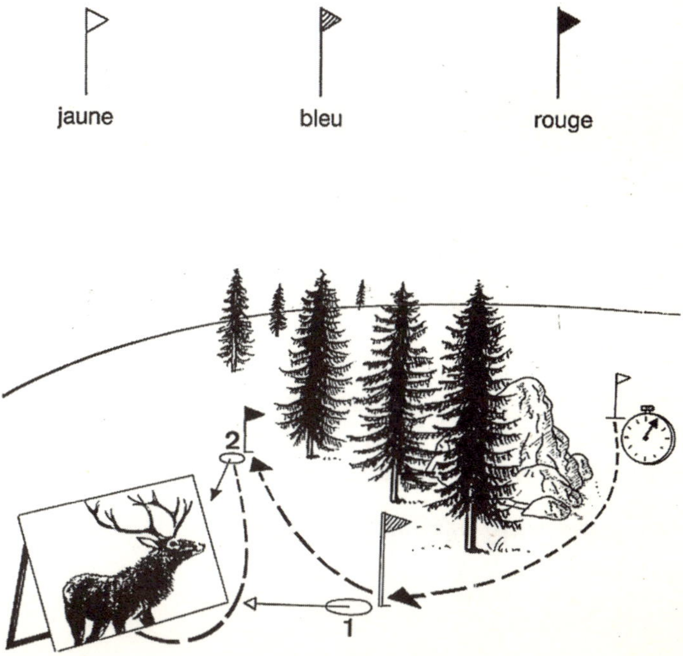

Le blason est divisé en deux zones : zone blessé et la zone tué. Cette zone peut être ovale ou circulaire.
Il existe 4 tailles de blasons : grands gibiers, gibiers moyens, petits gibiers, petits animaux.
L'archer dispose de trente secondes pour tirer ses deux flèches.

PARCOURS NATURE DE 21 CIBLES

5
4
7
3
6
2
19
20
21

La tenue recommandée pour le parcours nature : les parcours nature étant souvent aménagés sur des terrains accidentés et les positions de tir demandant parfois de poser le genou à terre ou de prendre appui sur des éléments naturels (on a vu certains pas de tir dans des arbres), il est recommandé de porter des chaussures robustes, type randonnée, et des vêtements confortables et solides. Si vous êtes adepte de la chasse, vous pouvez même recréer les mêmes conditions en portant une tenue camouflée.

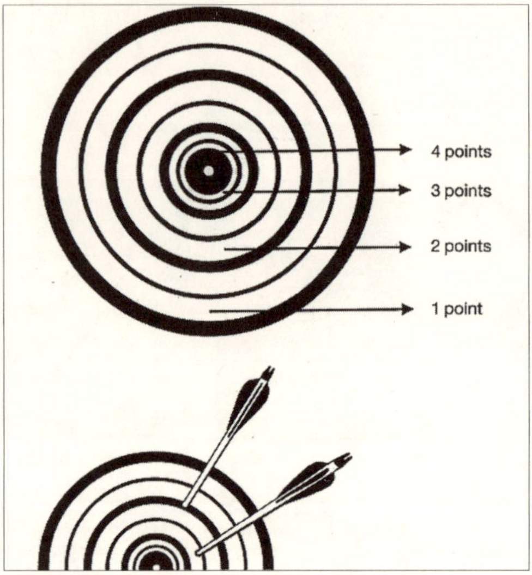

Blason de tir beursault. Le comptage des points est spécifique au beursault. Le blason est divisé en de nombreuses zones dont 4 principales. Dans les parties de jardin, disputées dans les jardins au jeu d'arc, on ajoute sur la partie centrale de la cible un morceau de bois appelé marmot. Les cordons sont comptés au désavantage au beursault.

LE TIR TRADITIONNEL : TIR BEURSAULT

C'est la discipline traditionnelle du tir à l'arc encore pratiquée au niveau national en compétition. Tous les ans, le championnat de France beursault a lieu à la fin du mois de septembre. Pour y participer, il faut avoir réalisé sa qualification en tirant un bouquet. Le tir beursault se pratique dans un jeu ou jardin d'arc à 50 m en aller et retour. Le comptage des points y est particulier puisque l'on privilégie le nombre de flèches en cible appelées honneurs au nombre de points marqués qui ne sert qu'à départager les tireurs ayant réalisé le même nombre d'honneurs. La Picardie et l'Île-de-France sont les régions les plus pourvues en jeux d'arc qui sont généralement des lieux pleins de charme et très verdoyants.

LES DISCIPLINES DE LOISIR

Tir au drapeau

Le tir clout ou tir au drapeau est un jeu qui s'inspire du tir à très longue distance et du tir de précision. C'est une discipline originale qui consiste à envoyer 30 flèches le plus près possible du fanion

Vue d'un jeu d'arc.
Allée centrale bordée de part et d'autre de gardes en bois.

planté au milieu de cercles concentriques dessinés sur le sol. 165 m pour les hommes et 115 m pour les femmes.

L'archerie-golf

Cette discipline met en situation deux sports différents dans leur technique, mais semblables dans leur objectif : la précision du tir. Archers et golfeurs s'associent sur un parcours de golf. Ils doivent approcher du « green » en un minimum de coups (l'un avec son arc et sa flèche, l'autre avec son club et sa balle). Sur le « green », l'archer est invité à putter par le golfeur, ce qui permet une découverte du golf et évite tout problème de sécurité et de détérioration du green par le tir d'une flèche.

Le ski arc biathlon

Une discipline naissante en France, déjà pratiquée dans les Alpes et les Pyrénées, bien connue au Canada.

Elle allie le parcours de ski de fond et le tir à l'arc pratiqué dans de différentes positions (debout, un genou au sol). Sur un circuit d'une quinzaine de kilomètres, des postes de tir sont répartis. Chronométrage et résultats de tir s'additionnent. Actuellement, le ski arc fait sa percée. Présélectionné comme discipline de démonstration aux Jeux olympiques d'Albertville, le biathlon ski de fond tir à l'arc, ne fut malheureusement pas retenu ; une pratique encore faible et un règlement incomplètement rédigé empêchèrent le projet d'aboutir. Largement inspiré du biathlon ski de fond tir à la carabine, le ski arc biathlon est une discipline de parcours.

Son règlement est le suivant : la distance de base à parcourir est de 12 km (la technique de ski est libre) en trois boucles de 4 km.

À l'issue de chaque boucle, on procède au tir de 4 flèches à 18 m sur un blason de 16 cm de diamètre avec un spot de 4 cm. Après la première boucle, le tir se fait un genou au sol, après la deuxième le tir s'effectue debout. Chaque cible manquée entraîne une pénalisation de une minute et trente secondes ou de 350 m. L'arc est porté sur le dos, fixé à un carquois dorsal.

RÈGLEMENT DE L'ARCHERIE-GOLF

Tirer à l'arc sur un parcours de golf... Une idée qui a vu le jour il y a maintenant plus de quinze ans au Club Méditerranée et qui séduit aujourd'hui de plus en plus archers et golfeurs. Il est apparu indispensable d'apporter des précisions au règlement déjà existant devant la demande de plus en plus fréquente d'organisation de compétitions d'archerie-golf.

BUT DU JEU

Pour l'archer : il s'agit d'atteindre le green avec le moins de tir de flèches possible une fois sur le green, l'archer pose son arc et putte comme les golfeurs. Évidemment, tout l'esprit du golf-archerie respecte les règles du jeu et l'étiquette du golf (véritable code de conduite à adopter sur un parcours). Dans certains cas, des règles sont spécialement prévues pour l'archer. Pour le golfeur : suivre le règlement habituel. Archers et golfeurs seront en général associés, il est déconseillé de les opposer.

L'ÉTIQUETTE DE L'ARCHERIE-GOLF OU COMMENT ÉVOLUER SUR UN PARCOURS DE GOLF EN ÉTANT ARCHER

- **Sécurité** : avant de tirer sa flèche, l'archer devra s'assurer que l'équipe qui précède la sienne est hors de portée de sa trajectoire. La distance moyenne pouvant être parcourue par une flèche est de 250 m. Les arcs à poulies sont à proscrire au golf-archerie, car il est impossible pour l'archer de doser son tir.
- **Ordre de jeu ou de tir** : comme au golf. Au départ : l'archer ayant réalisé le score le plus bas sur le trou précédent aura l'honneur, c'est-à-dire commencera à tirer en premier. Sur le terrain : l'archer le plus éloigné du trou tire le premier.
- **Rythme de jeu** : si une équipe est ralentie par la recherche d'une balle ou d'une flèche, elle doit laisser passer immédiatement celle qui la suit et dispose de cinq minutes pour chercher la balle ou la flèche perdue.

Si une équipe a plus d'un trou franc de retard sur l'équipe qui la précède, elle doit automatiquement laisser passer celle qui la suit si celle-ci se présente. En temps normal, il faut quatre heures et demie à cinq heures à une équipe de quatre personnes pour accomplir un parcours de 18 trous.

RÈGLES SPÉCIFIQUES AUX ARCHERS

- **Placement de l'archer sur le terrain** : le pied avant ne doit pas dépasser l'impact.
- **Bris de matériel** : l'archer ne peut quitter le terrain pour réparer une pièce de son équipement.

- **Temps de tir** : l'archer dispose d'une minute au maximum pour tirer.
- **Pénalités** : flèche reposant dans un obstacle (bunker ou zone délimitée par des piquets rouges) : l'archer peut tirer en étant dans l'obstacle ou se déplacer à 2 longueurs de flèche sans se rapprocher du trou. Pénalité encourue : 1 point, flèche reposant dans le rough (hautes herbes, bois, partie tondue plus grossièrement que le fairway) : l'archer peut tirer sa flèche de cette zone. Pénalité encourue : 1 point ; pour tous les autres cas, se reporter aux règles du golf.

Le golf-archerie est une discipline loisir, archers et golfeurs sont associés. Attention à la sécurité sur le parcours.

LES FORMULES DE L'ARCHERIE-GOLF

Dans tous les cas un archer, est associé à un golfeur.

1. Le scramble est la formule devenue reine pour l'archerie-golf. À chaque coup joué, le meilleur emplacement atteint par l'un des équipiers archer ou golfeur est choisi pour faire jouer le coup suivant à toute l'équipe. Cette formule est sans doute la plus conviviale et permet d'associer des personnes de tous niveaux.

2. Addition du score de l'archer et de celui du golfeur à la fin de chaque trou.

3. Foursome : un équipier prend le départ des trous pairs et l'autre des trous impairs. Ensuite, les équipiers jouent à tour de rôle (voir les règles du golf).

4. Greensome-Foursome : l'archer et le golfeur prennent chacun le départ et jouent ensuite la balle la mieux placée à tour de rôle (voir les règles du golf).

Il est possible d'utiliser des formules de jeu assez variées : Stroke Play (décompte des coups joués du 1 au 18), Stableford (points accordés par trou en fonction du score réalisé par rapport au par), Match-Play (opposition de deux équipes).

On peut organiser des compétitions à thème : mixte, famille, ménages.

Pour toute information sur les règles du golf, contacter la Fédération française de golf - 69, av. Victor-Hugo, 75016 PARIS - Tél. : (1) 45 02 13 55.

Bien choisir son arc débutant

QUE VOUS ARRIVIEZ DANS UN CLUB, QUE L'ON VOUS PRÊTE LE MATÉRIEL OU QUE VOUS L'ACHETIEZ, VOICI QUELQUES POINTS DE REPÈRE QUI VOUS AIDERONT À NE PAS COMMETTRE D'ERREUR.

ÊTES-VOUS DROITIER OU GAUCHER ?

Vous pouvez vous soumettre à plusieurs tests :

- Le test de l'œil directeur : placez-vous face à quelqu'un et fixez votre pouce qui se placera automatiquement face à votre œil directeur ou bien percez une feuille de papier et amenez-la à votre visage, le trou se placera automatiquement face à votre œil directeur.
- Quel est votre réflexe pour tenir l'arc ? En plus de votre œil directeur, il est primordial de vous sentir à l'aise en position de tir ; que vous soyez au premier abord droitier ou gaucher, suivez votre instinct.

QUELLE HAUTEUR POUR VOTRE ARC ?

Le choix de la hauteur de votre arc se fait en fonction de votre allonge. Voici quelques indications qui vous guideront. Lorsque votre arc est en traction, il doit former un angle de 75 à 80°.

Comment calculer votre allonge :

Elle se calcule de la base du cou à l'ongle du pouce. Il existe deux manières de la mesurer :

- Vous pouvez tout simplement la mesurer avec un mètre, mais cela est peu précis, car des déplacements d'articulations peuvent fausser le calcul.
- La manière la plus précise est d'utiliser un tube long et gradué en mesurant du creux de l'encoche à la graduation.

Dans les deux cas, faites-vous aider.

Allonge	**Taille de l'arc**
Inférieure à 62 cm	62 à 64 pouces
63 à 67 cm	66 à 68 pouces
68 à 75 cm	68 à 70 pouces
supérieure à 75 cm	71 pouces

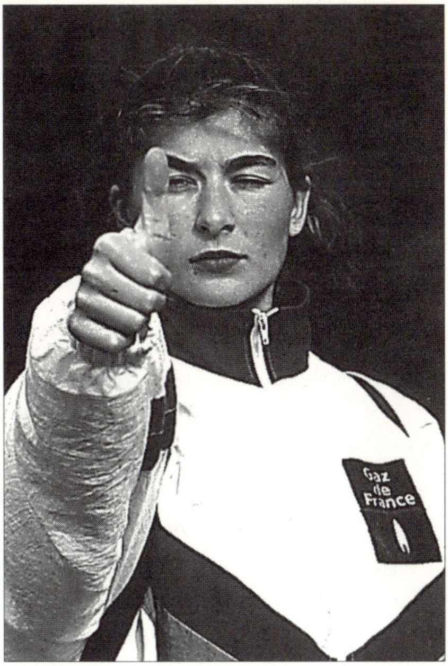

Placez-vous face à quelqu'un et fixez du regard votre pouce qui s'alignera automatiquement sur votre œil directeur.

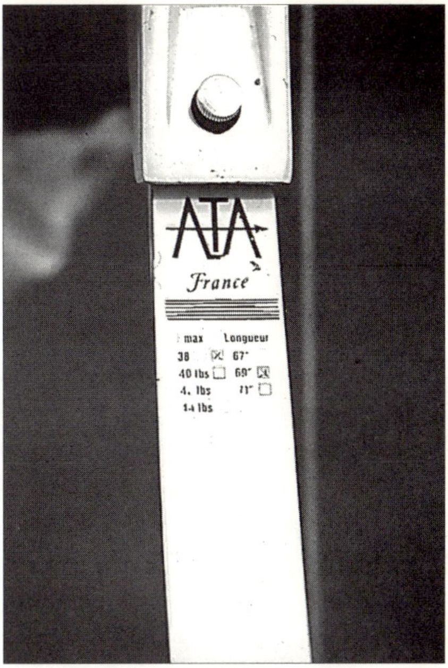

Toutes les références concernant la puissance de vos branches sont indiquées sur la branche inférieure.

QUELLE PUISSANCE POUR VOTRE ARC ?

Débutant, vous n'avez pas l'habitude de manier un arc, et même si vous êtes musclé et sportif, vous n'allez pas commencer avec un arc très puissant, cela vous empêcherait d'acquérir des sensations et une bonne technique de tir, et pourrait vous causer des blessures.

Sur une branche d'arc sont indiquées différentes références dont il est utile de connaître la signification :

- Le premier nombre correspond à la taille des branches exprimée en pouces. Elle peut aller de 62 à 71 pouces
- La deuxième indication est celle de la puissance des branches en fonction de l'allonge.

Par exemple : 35 livres pour 28 pouces d'allonge.

	Puissance en livres	Tailles en pouces
Enfant	15	62/66
Adolescent	15/20	66
Femme	15/25	66
Homme	20/30	66/70

Se spécialiser : le premier arc de compétition

LORSQUE LE MOMENT DE CHOISIR VOTRE ARC DE COMPÉTITION EST ARRIVÉ, PLUSIEURS FACTEURS VONT INTERVENIR : VOTRE MOTIVATION, VOTRE DISCIPLINE, VOTRE BUDGET.

Mis à part les critères d'esthétique de votre arc, il faut tenir compte d'autres paramètres techniques primordiaux en fonction de votre technique.

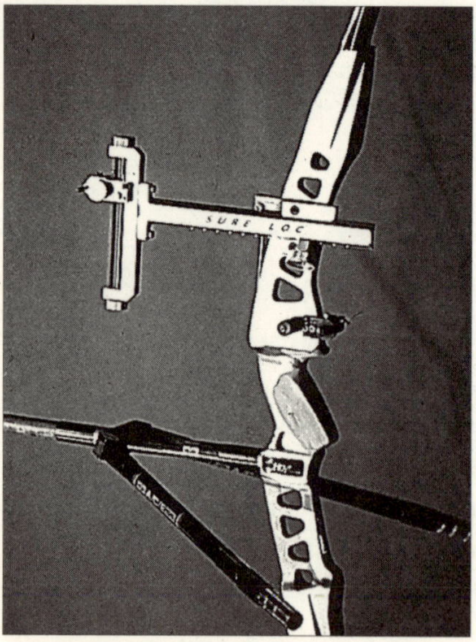

Les poignées usinées ont de plus en plus de succès, leur prix varie de 3 000 à 4 000 F selon les marques, pour un viseur de compétition compter 800 à 1 400 F et de 1 000 à 2 000 F pour une stabilisation complète.

LES ARCS CLASSIQUES

Certains arcs pardonnent plus les erreurs parce qu'ils sont plus ou moins rapides. La rapidité de l'arc joue différemment selon que l'erreur est commise par le bras d'arc ou par la main de corde. Pour un lâcher rapide, choisissez un arc rapide. Pour un bras d'arc fragile ou difficile à maintenir, choisissez un arc lent.

Les caractéristiques des arcs actuellement sur le marché :

- Hoyt TD4 (américain) : c'est l'arc qui convient au plus grand nombre d'archers. Un peu moins précis. Après avoir été l'arc le plus utilisé par les archers classiques en compétition, il vient d'être supplanté par une nouvelle race d'arc, ou plutôt de poignées, les poignées usinées.

Chez Hoyt, ce nouveau modèle de poignées, commercialisé depuis début 1994, a été baptisé « Radian » et connaît un énorme succès.
C'est le modèle utilisé par Carole Ferriou et par un grand nombre de membres de l'équipe de France.

- Nishizawa (japonais) : arc rapide et précis, souple, fiable.
- Yamaha (japonais) : arc rapide, raide, convient bien aux petites allonges.

Sébastien Flute tire avec un arc Yamaha depuis ses débuts en haute compétition. Le modèle avec lequel il a remporté les Jeux olympiques de Barcelone en 92 est le Eolla de couleur blanche.

- Green Horn (belge) : arc lent et lourd qui pardonne les erreurs. Convient bien aux puissances élevées. Des poignées usinées sont aussi commercialisées par ce fabricant. Modèle Diamond.
- Portland (anglais) : arc rapide et souple. Convient bien aux faibles puissances.
- OK Match (allemand) : arc rapide et fiable, lourd.

Choisissez un arc disposant d'un système de variation de la force, cela vous évitera de changer trop souvent de branches.

L'arc droit est l'arc des puristes. Il est uniquement utilisé en tir nature.

L'ARC DROIT

C'est l'arc des puristes. Monobloc, il est aussi appelé Long Bow. Généralement fabriqué en bois d'if, ou dans des bois précieux, l'arc droit est un arc très puissant, puisqu'il peut dépasser 100 livres.
Autrefois arme de guerre et de chasse, il continue à être utilisé pour la chasse à l'arc et dans la discipline parcours nature par un petit nombre d'archers.
Il existe en France un facteur d'arcs renommé spécialisé dans le Long Bow : Jean-Marie Coche.

L'arc à poulies, désormais reconnu dans toutes les disciplines par la Fédération internationale, permet un tir plus précis, plus puissant et plus confortable que l'arc classique.

L'ARC À POULIES OU ARC COMPOUND

L'arc à poulies connaît un succès croissant. Il apporte au tireur un confort de tir plus important qu'avec un arc classique et la possibilité de tirer avec une puissance supérieure.
Depuis 1994, l'arc à poulies est reconnu pour la pratique du tir olympique. Il est admis dans les championnats d'Europe et du monde, mais pas encore aux Jeux olympiques. Il a obtenu en 1990 sa reconnaissance internationale pour deux autres disciplines : le tir en salle et le tir en campagne.
En tir compound, les archers sont autorisés à utiliser un décocheur et un viseur loupe, ce qui explique, en plus de l'importante puissance de ces arcs, que les blasons aient été modifiés pour eux ; le diamètre du 10 est réduit de moitié par rapport à celui des arcs classiques. En moyenne, 35 à 60 livres en compound sont comparables à une puissance de 30 à 50 livres en classique.

POURQUOI UNE PLUS GRANDE PUISSANCE ET UN PLUS GRAND CONFORT DE TIR ?

L'arc à poulies étant un arc à démultiplication, son mécanisme est le suivant : les poulies excentrées situées à l'extrémité de chaque branche constituent un bras de levier qui, dès qu'elles sont au sommet de leur axe, permet à l'arc d'être très rapidement au maximum de sa puissance (cela bien avant que l'archer ne soit en position de visée).
Le reste du travail s'effectue alors beaucoup plus aisément.
Dès lors que la poulie commence à se retourner sur son axe, la traction perd de 30 à 70 % de sa puissance.
Concrètement, l'archer a une première passe difficile dans sa phase d'armement jusqu'à ce que la poulie soit arrivée au sommet de son axe, ensuite, la traction devient beaucoup plus confortable, puisque la force décroît et la visée en devient facilitée.

Les poulies

QUELQUES MOTS SUR LE RÉGLAGE D'UN ARC À POULIES

L'ALLONGE

Tout le réglage d'un arc à poulies dépend de l'allonge de l'archer. Il est donc primordial de mesurer cette allonge avec beaucoup de soin. Une fois l'arc réglé en fonction d'une allonge donnée, il sera très difficile de la modifier sans avoir à régler l'arc de nouveau en totalité.
L'utilisation d'un décocheur nécessite quelques précautions dans la mesure de l'allonge :

- tous les décocheurs ne sont pas identiques ; il faut donc mesurer votre allonge avec celui que vous utilisez effectivement ;
- l'important est de connaître la distance du creux de la cordelette ou du système de pincement de corde à la détente sur laquelle repose le doigt. Il vous faudra déduire ensuite cette donnée de votre allonge.

Il est nécessaire d'utiliser un arc adapté à son allonge (attention à l'achat), pour avoir le maximum de confort lors de la visée. Il faut être au creux de la vallée (point le plus souple) à pleine allonge.
Pour changer l'allonge d'un arc à poulies.

- Modification de plus de 2 cm et allonge. Il est indispensable de changer les poulies. Prendre des poulies de diamètre supérieur pour une allonge plus grande et inversement. Cela ne peut être réalisé que par un spécialiste.
- Modification d'environ 2 cm. Il suffit de changer le câble de gorge dans la poulie (cran le plus à l'intérieur de l'arc pour allonger et inversement), en dévissant les branches pour diminuer la tension des câbles.
- Petites modifications d'allonge. Avec l'expérience, vous aurez sans doute besoin d'affiner votre allonge. On peut raccourcir un peu (au maximum de 2 cm) en vrillant la corde de quelques tours. Ne pas aller au-delà d'une vingtaine de tours.

LA CORDE

Pour ne pas l'user trop rapidement, veillez à ce que l'amplitude des poulies ne soit pas inférieure à 8 mm, sinon la corde risque de se chevaucher au moment du lâcher, de s'user et donc de casser rapidement.
Si l'amplitude des poulies dépasse 12 mm, ou un quart de tour, il est temps de les changer pour adopter un diamètre plus petit.

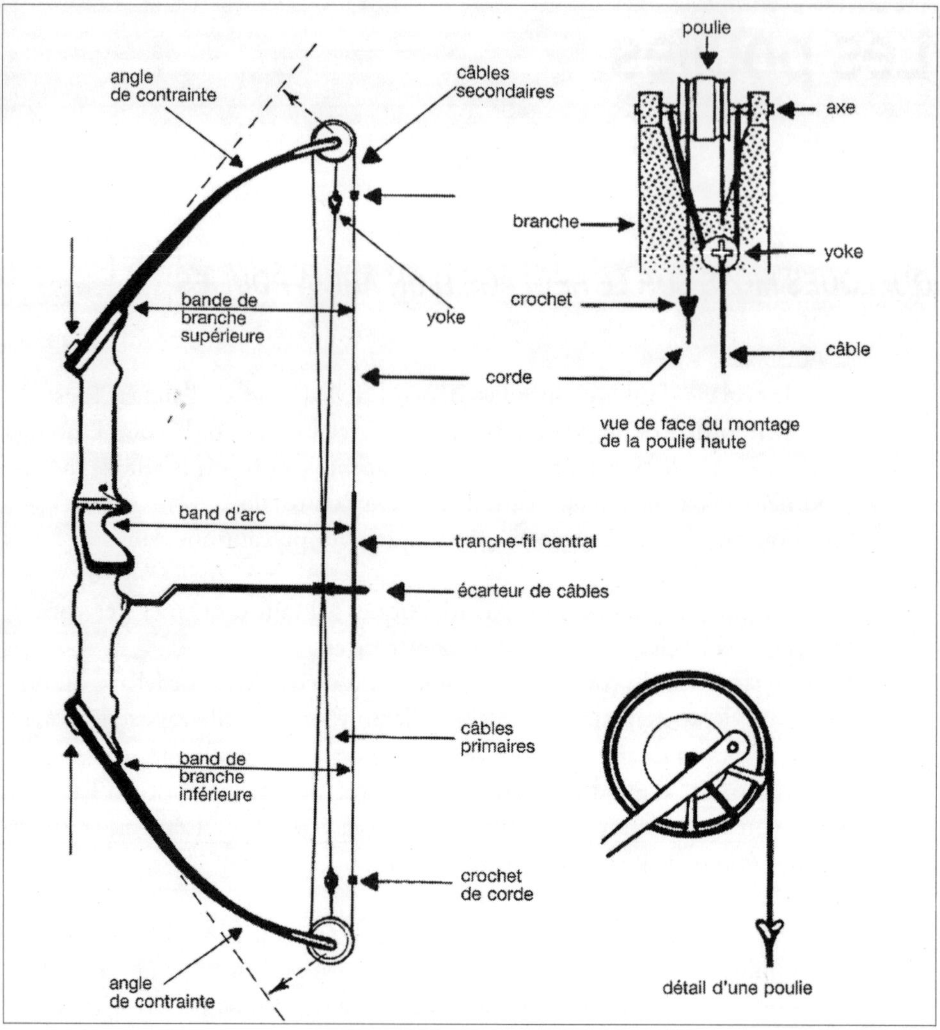

L'arc à poulies, un matériel très sophistiqué utilisé dans toutes les disciplines du tir à l'arc.

LES POULIES

Le système de fonctionnement fondé sur l'emploi des poulies de renvoi (palan, moufle) donne une réduction de puissance constante si l'axe de rotation est au centre. Pour obtenir une réduction progressive de la force, puis une augmentation en retour de cette dernière, il suffit de déplacer le centre de rotation.

LA BALANCE

C'est l'équilibre de votre arc, qui se traduit par un travail simultané des poulies. Pour que votre balance soit bonne, l'amplitude doit être identique pour chacune des deux poulies.

Figure 1

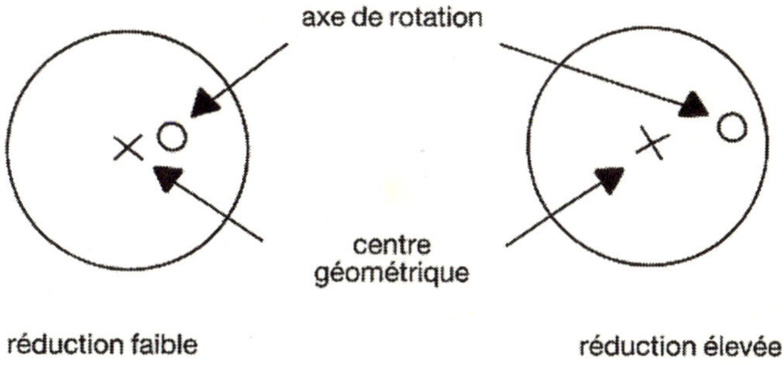

Figure 2

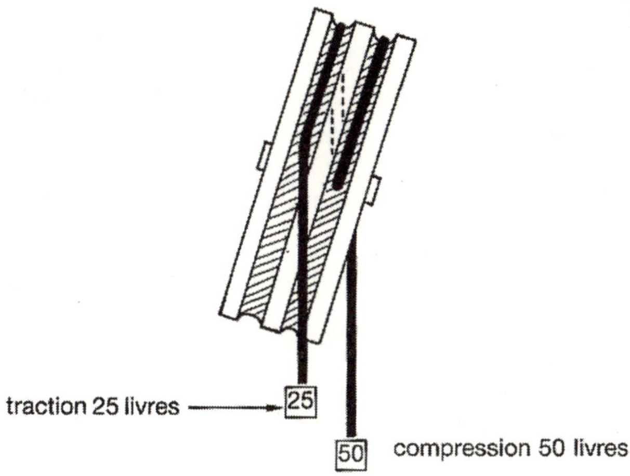

Le fonctionnement des poulies.
• La longueur du bras de levier (distance entre le centre géométrique de la poulie et l'axe de rotation) donne le pourcentage de réduction par rapport au diamètre de la poulie (fig. 1).
Pour libérer le passage de la flèche, les câbles doivent être déviés à l'aide d'un écarteur de câbles.
• Cette modification, compte tenu de la nécessité de placement des câbles et de la corde, provoque l'angulation des poulies amenant la torsion des branches (fig. 2).

Si cela n'est pas le cas, votre arc aura un moins bon rendement, une diminution du trait, un mauvais groupement des flèches, et sera bruyant. Vous vous exposez à des bris de matériel (câbles, poignée, branches) causés par de trop fortes vibrations.

Comment s'habiller ?

LES VÊTEMENTS

Au tir à l'arc, il n'existe pas véritablement de tenue.
Il est recommandé de porter des vêtements confortables, mais pas trop amples ; la corde peut accrocher ou frotter une manche ou une emmanchure trop large et dévier la trajectoire de la flèche.
Optez plutôt pour des matières naturelles, comme le coton, car si au tir à l'arc on ne sue pas à grosses gouttes, la compétition est longue et on transpire tout de même un peu.
Pour l'entraînement, peu importe la couleur et le type de vêtement.
Pour la compétition :
Attention, la réglementation du tir à l'arc reste assez stricte surtout pour les disciplines du tir cible.
Le blanc est de rigueur, sauf si vous portez la tenue officielle de votre équipe ou de votre club ou pour les tenues de pluie.

LES CHAUSSURES

Portez des chaussures plates à semelles dures. Des chaussures de tennis conviennent tout à fait alors que des chaussures de jogging trop molles offriront moins de stabilité.
Le tir pieds nus est déconseillé, également pour une question de stabilité.
Le sol est rarement uniforme, surtout en extérieur.

Bien choisir son club

Il est important de se sentir bien dans son club. En France, on compte environ 1 800 clubs de tir à l'arc pour plus de 50 000 licenciés à la FFTA, c'est dire si ce sont des associations à petits effectifs en moyenne, mais à effectif très variable en réalité (de 7 à 200 adhérents).
Ces clubs sont répartis dans la France entière et offrent des structures très différentes.

CLUB OU COMPAGNIE ?

Avant de s'inscrire dans un club de tir à l'arc, il faut savoir que l'héritage des traditions médiévales est très important pour certains d'entre eux.
De nombreux clubs se nomment encore compagnies. Mais tous ne perpétuent pas les règles de la chevalerie d'arc.

LES COMPAGNIES TRADITIONNELLES

Si vous entrez dans une compagnie attachée à la tradition, vous serez aspirant, votre président sera votre capitaine, les membres du bureau seront des officiers, les vice-présidents, les sous-lieutenants et vous devrez vous découvrir et procéder au salut avant de tirer à l'arc en disant la formule consacrée : « Messieurs les archers, je vous salue. »
Vous serez tenu de tirer la Saint-Sébastien (saint patron des archers) et les parties de jardin de votre compagnie (trois absences injustifiées peuvent entraîner votre exclusion d'une compagnie).

Sachez que dans une compagnie, le ROY de l'année passe avant le capitaine. Si vraiment l'on considère que vous faites partie de l'élite morale de votre compagnie, vous pourrez être fait chevalier.
Ce type de compagnie existe encore principalement en Île-de-France et en Picardie, mais se fait de plus en plus rare.

LES CLUBS

Les clubs et les compagnies non traditionnelles sont organisés sur le même modèle que toute autre association sportive.
Vous pourrez vous y inscrire en prenant contact avec le président du club ou un autre responsable.

L'INITIATION

Dans la plupart des clubs, si vous êtes débutant, vous aurez la possibilité de suivre un cycle d'initiation dont la durée est variable (6 à 8 séances ou sur deux mois).
Ces séances sont assurées par des initiateurs, des instructeurs ou, même, par des brevetés d'État (il existe pour le tir à l'arc un brevet d'État, avec une formation assurée par la FFTA).
Pour ces séances, il n'est pas nécessaire de posséder son propre matériel ; les clubs s'équipent d'arcs, de flèches et des petits accessoires pour l'initiation. C'est seulement plus tard que l'on vous demandera d'acquérir votre matériel (lire la partie sur le matériel en p. 12).

L'ACCUEIL DES ENFANTS

Quelques clubs accueillent les jeunes enfants dès six ans. C'est à la fois un problème d'encadrement et de matériel. En effet, les très jeunes doivent pouvoir bénéficier d'arcs de petite taille (58 pouces). Les autres clubs n'acceptent en général les enfants qu'à partir de neuf ou dix ans.

QUELLE AMBIANCE ET QUELLES STRUCTURES D'ACCUEIL ?

Pour se sentir bien dans son club, il faut prendre en considération plusieurs choses :

- L'éloignement par rapport à votre domicile.
- L'ambiance : pensez-vous vous y faire beaucoup d'amis, est-ce un club très familial ?
- L'accueil : y a-t-il une permanence au club, ou bien faut-il avoir la clef ? Y a-t-il un responsable pour l'enseignement, pour le matériel ? Les jeunes sont-ils bien accueillis et le club possède-t-il une école de tir ?
- Les installations : sont-elles permanentes ou non ? Sont-elles suffisantes par rapport au nombre d'adhérents ? Sont-elles bien entretenues ? Sont-elles faciles d'accès ?
- Les horaires : sont-ils en harmonie avec votre emploi du temps ?
- Les cotisations : en général, elles sont raisonnables par rapport à beaucoup d'autres disciplines sportives, mais renseignez-vous quand même sur les prix.

QUELLES DISCIPLINES SONT PRATIQUÉES DANS VOTRE CLUB ?

Le tir à l'arc possédant plusieurs disciplines très différentes les unes des autres, renseignez-vous pour savoir si le club dans lequel vous voulez entrer vous convient bien.

Il existe des clubs plus axés

- sur le tir cible (tir FITA, salle, fédéral),
- sur le tir en campagne,
- sur le parcours nature.

LOISIR OU COMPÉTITION

De nombreux clubs, même s'ils sont très axés sur la compétition, accordent une place croissante à la pratique de loisir ;

Les rencontres amicales interclubs peuvent servir de passerelle entre les compétiteurs acharnés et les adeptes du loisir. Essayez de bien tester l'ambiance avant de vous inscrire définitivement.

Aménager son terrain

Un pas de tir peut s'aménager dans une grande variété d'endroits, à condition d'avoir l'autorisation et de respecter certaines règles de sécurité. Si vous souhaitez aménager un terrain dans le cadre d'une association sportive, contactez la Fédération française de tir à l'arc qui vous fournira toutes les normes et les types d'installations. Si vous décidez d'aménager un pas de tir dans votre jardin, voici quelques recommandations.

CIBLERIE

Procurez-vous de la ciblerie de bonne qualité et facile à manier (les cibles en mousse sont idéales). Choisissez une taille de cible grande (au minimum I m de diamètre), même si vous ne tirez pas parfaitement au centre, votre flèche aura d'autant moins de chance de rater sa cible. La cible sera abritée. Attention à l'orientation de votre pas de tir afin d'éviter d'avoir le soleil dans les yeux aux heures où vous tirez.

ATTENTION À LA SÉCURITÉ

Placez votre cible dans un axe sans danger, devant une butte de terre, un buisson touffu, ou au pied d'une montée. En revanche, évitez de la placer devant un mur, les flèches qui l'atteindraient seraient inutilisables. Si l'endroit choisi présente un quelconque danger (parking, jardin des voisins, chemin, vitres), n'hésitez pas à fixer un filet de protection. Dans tous les cas, contractez une assurance responsabilité civile.

Aménagez votre pas de tir en toute sécurité. Placez la cible devant une butte de terre, c'est l'idéal, ou bien installez un filet spécial.

Et maintenant on compte

À QUELLE DISTANCE TIRER ?

Vos premières séances de tir à l'arc vont s'effectuer sur de très courtes distances (5 à 10 m) et sur des blasons de grande taille (80 à 120 cm).
Cela présente plusieurs avantages :
- pour des raisons de sécurité,
- pour acquérir les sensations d'une bonne stabilité, du lâcher de la flèche,
- vous allez tout de suite vous amuser et réussir à envoyer la flèche au centre de la cible.

Plus vous allez progresser et plus vous vous éloignerez de la cible.
Pour franchir les différents caps, le plus simple est de se soumettre aux tests comptés proposés par la Fédération française de tir à l'arc :
les flèches de progression, qui consistent à réussir sur 6 volées 140 points sur 180 sur un blason de 80 cm.
À chaque passage de flèche que vous réussirez, vous recevrez un petit badge métallique.
Si vous avez de réelles aptitudes pour le tir à l'arc, vous aurez la flèche jaune au bout de trois mois de pratique.

TABLEAU DES FLÈCHES DE PROGRESSION

Couleur de la flèche	Distance de tir	Stade de l'archer
Blanche	10 m	après 3 à 5 h d'initiation
Noire	15 m	après 4 à 8 h d'initiation
Bleue	20 m	après 1 mois de tir
Rouge	25 m	
Jaune	30 m	

LA PREMIÈRE COMPÉTITION

C'est le grand jour, vous avez décidé de vous lancer en compétition. Comment l'aborder dans les meilleures conditions.

PAR QUELLE DISCIPLINE COMMENCER ?

Le plus simple est de commencer en salle. Pourquoi ?
- Les conditions sont constantes : ni vent, ni pluie pour vous déstabiliser.
- Les distances de tir sont courtes : 18 ou 25 m, ce qui vous permet de tirer avec un arc de faible puissance tout en restant performant.

- La compétition est courte. Un tir en salle dure environ trois heures.
- Essayez de ne pas y aller seul ; joignez-vous à un groupe d'archers plus expérimentés de votre club.
- Quel objectif : essayez de vous fixer pour objectif de réaliser au moins la même chose qu'à l'entraînement et surtout ne changez rien à votre rythme de tir ni à votre technique.

Comment vous inscrire ?
Pour choisir le lieu et la date de votre concours, consultez le calendrier de la Fédération française de tir à l'arc. Il est publié sur un guide vendu avec l'abonnement à la revue fédérale *Le Tir à l'arc* ainsi que sur Minitel par le service 3615 code FFTA.

Quand vous inscrire ?
En région parisienne, au moins une semaine à l'avance, en province, au moins un mois à l'avance. Les organisateurs des concours de tir en salle proposent en général plusieurs départs : un le samedi en fin d'après-midi et trois le dimanche. Plus vous vous inscrirez à l'avance et plus vous aurez le choix de votre départ.

Si vous effectuez votre première compétition en extérieur :
Choisissez de participer soit à une compétition spécialement organisée pour les débutants ou pour les non-classés, soit à une compétition courte comme le tir fédéral qui se dispute sur 50 et 30 m à raison de 36 flèches à chaque distance. Si vous tirez un FITA ou un tir en campagne, votre performance risque d'être médiocre, surtout si vous utilisez un arc de moins de 30 livres pour les femmes et 35 livres pour les hommes, en raison de la difficulté à être performant sur les longues distances. De plus, ce sont des compétitions longues (une journée entière), surtout si les conditions atmosphériques sont difficiles. Vous risquerez donc de vous décourager et même de vous blesser. Quelles sont les blessures (lire le chapitre sur les blessures p. 99) à craindre lorsque l'on est peu entraîné ou fatigué (tendinites, ampoules, tétanie) ?

COMMENT MARQUER VOS POINTS

La valeur des flèches est toujours notée de la meilleure à la moins bonne. Voici un exemple de feuille de marque :
- le score de chaque flèche (dans l'ordre décroissant),
- le score de la volée,
- le cumul volée après volée.

Ce que vous devez faire et ne pas faire : il est interdit de retirer ou de toucher ses flèches avant que l'ensemble des scores de tous les archers ne soit noté, afin de ne pas déformer le blason en cas de cordon.

Une fois la marque terminée, les impacts de chaque flèche doivent être cochés d'un trait de crayon.
Lorsqu'une flèche touche le cordon, elle compte le point immédiatement supérieur. En cas de litige, si vous n'êtes pas certain que la flèche touche le cordon, faites appel à un arbitre qui donnera ou ne donnera pas le cordon, donc le point supérieur.
À la fin de la compétition, vous totalisez le score réalisé qui est noté en bas de la feuille de marque.
N'oubliez jamais de signer vos feuilles de marque, sans cela les qualifications, badges et différentes récompenses ne sont pas validés.

EXEMPLE DE FEUILLE DE MARQUE

Flèche 1	**Flèche 2**	**Flèche 3**	**Volée**	**Cumul**
9	8	7	24	24
10	8	6	24	48
9	9	8	26	74
9	9	9	27	101

Technique

Monter son arc

Il n'y a pas spécialement de méthode pour monter un arc, le but est de le monter correctement. Pour ne rien oublier, mieux vaut respecter toujours le même ordre. Si vous tirez avec un arc d'initiation, c'est très simple, puisqu'il ne se compose que d'une poignée, de deux branches, d'une corde et parfois d'un viseur. Vous commencerez par monter les branches sur la poignée, puis vous installerez la corde et vous finirez par le viseur.
Si vous possédez un arc classique de compétition, vous procéderez de la manière suivante…

MONTAGE DE L'ARC

- Prenez la poignée, et placez le berger button en le serrant bien pour qu'il ne se dévisse pas pendant le tir.
- Enclenchez les branches et vissez-les s'il y a lieu.
- Vérifiez le band et modifiez-le si besoin est en vrillant plus ou moins la corde.
- Vérifiez le tiller ; le tiller est le réglage qui permet de synchroniser le départ des branches et leur arrivée, donnant ainsi un déplacement linéaire du point de poussée de la corde sur la flèche (Voir plus loin les explications sur la vérification du band et le réglage du tiller).

Il est possible qu'au moment de monter l'arc, il n'ait pas sa valeur habituelle. Cela n'est rien, il retrouvera sa valeur normale au bout de quelques flèches.
Si ce n'est pas le cas, essayez si possible de le corriger.

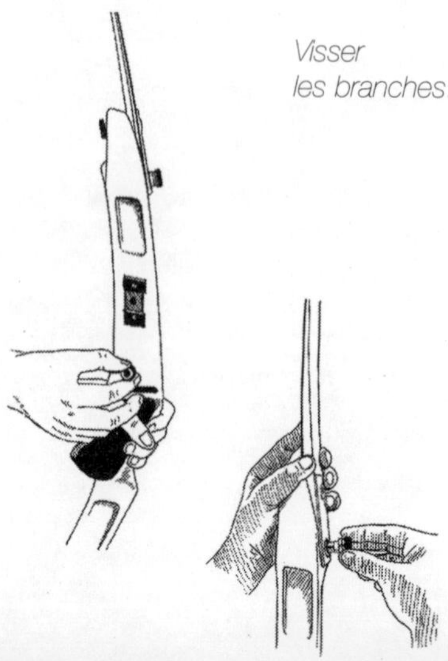

Visser les branches.

- Vissez les différents stabilisateurs : le central et les latéraux.
- Mettez en place le viseur, sans oublier le curseur.
- Bandez l'arc : il existe plusieurs techniques, la meilleure et la moins dangereuse est d'utiliser

une fausse corde. C'est sans doute l'une des opérations qui causent le plus d'accidents (branche dans l'œil) et où vous risquez d'abîmer votre matériel si vous ne vous y prenez pas bien.

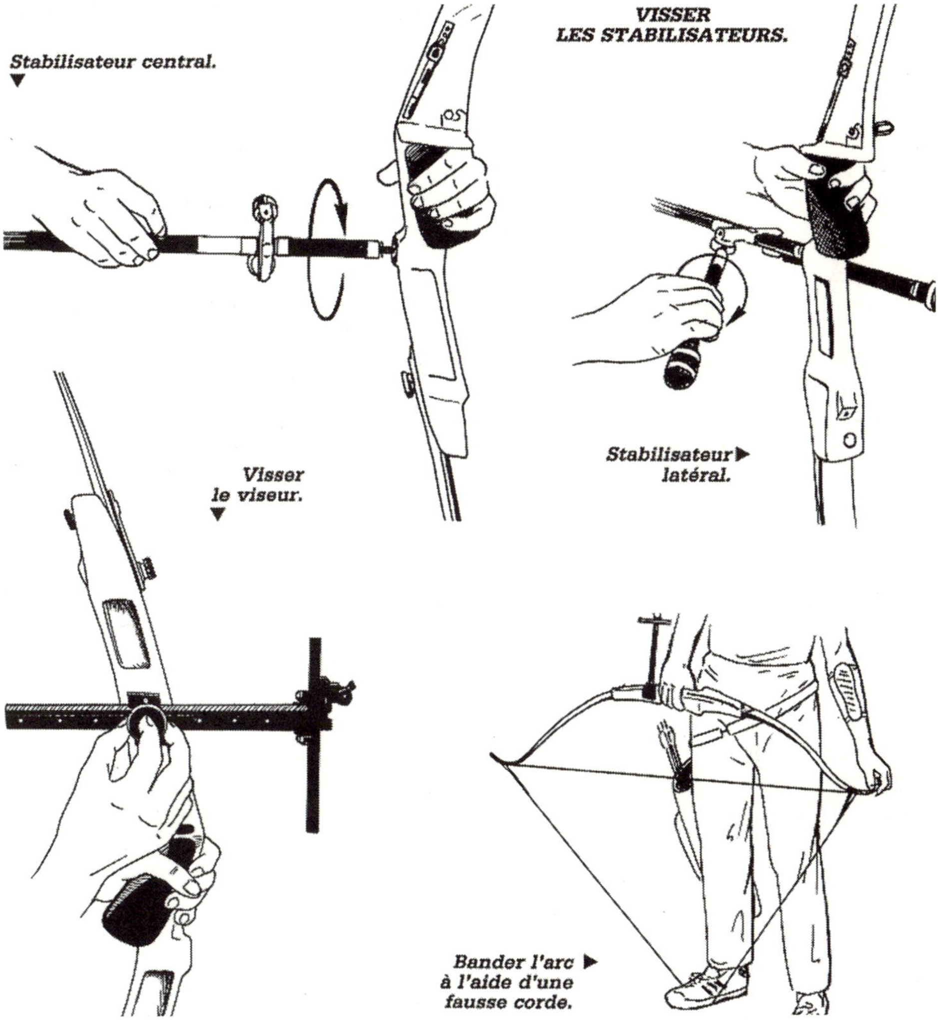

LE PLACEMENT DU REPOSE-FLÈCHE

Il est évident que vous ne pouvez utiliser votre arc si vous n'avez pas préalablement placé le repose-flèche.

Où le placer ?

Son emplacement est déterminé en fonction des actions mécaniques de votre arc : le travail des branches, la rotation de l'arc sur son axe vertical.

La position du repose-flèche ne doit pas gêner le passage des empennages au niveau du plancher et de la fenêtre de l'arc. La hauteur du point d'appui de la flèche sur le repose-flèche peut se situer entre 15 et 20 mm au-dessus du plancher de la fenêtre pour le tir cible de telle sorte que la flèche arrive au milieu de la tête du berger button.

Bander l'arc en coinçant la branche inférieure contre la cheville

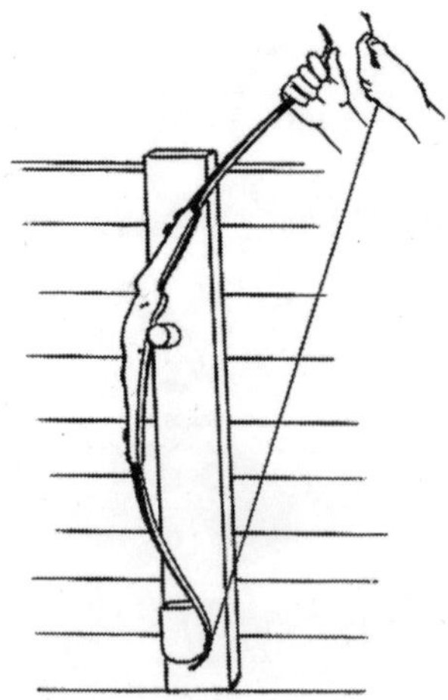

Bander l'arc en s'aidant d'un butoir.

Vérifier son arc

COMME TOUTE MÉCANIQUE DE PRÉCISION, UN ARC SE RÈGLE ET SE DÉRÈGLE ; C'EST POURQUOI IL EST BON DE LE VÉRIFIER DE TEMPS EN TEMPS ET SURTOUT À CHAQUE DÉBUT DE SAISON. AVANT DE PROCÉDER AUX TESTS SUIVANTS, ASSUREZ-VOUS RÉGULIÈREMENT QUE VOS BRANCHES ET VOTRE POIGNÉE NE SONT PAS FÊLÉES.

PESER L'ARC

La pesée de l'arc s'effectue à l'aide d'un peson et vous permet de vérifier si vos branches ne sont pas fatiguées et de comparer les valeurs présentes et passées en tenant compte des différentes modifications intervenues entre les deux pesées.
Si besoin est, rectifiez le réglage de puissance de votre arc, afin d'obtenir les valeurs précédentes.

COMMENT PROCÉDER AU PESAGE DE L'ARC

- Notez le poids de l'arc au repos.
- Prenez votre arc sans la stabilisation.
- Suspendez-le par la corde au niveau du point d'encochage.
- Tirez sur la corde au niveau du point d'encochage jusqu'à placer l'arc en traction à votre allonge.
- La lecture du peson donnera la puissance de votre arc en livres à votre allonge (après avoir soustrait le poids de l'arc).
- Vous pouvez demander à votre revendeur d'effectuer cette opération.

Une livre anglaise = 454 g.
Si votre arc a perdu 2 ou 3 livres, vous pouvez envisager un changement de branches.

VÉRIFIER LA RECTITUDE DE L'ARC

Pour vérifier la rectitude de votre arc, faites une marque à l'arrière, au milieu de la poignée et à chaque extrémité. Vérifiez si la corde passe bien simultanément sur les deux traits.

VÉRIFIER LES BRANCHES

Il est important de vérifier si vos branches ne sont pas vrillées. Posez une flèche à l'extrémité de chaque branche, en la passant entre la corde et la branche. Elle doit être perpendiculaire à la corde. Prenez l'arc par une des poupées, et faites reposer l'autre au sol. Si les deux flèches sont dans le même plan, et perpendiculaires à la corde, vos branches sont bonnes ; ne tolérez pas plus d'un demi-tube à un tube d'écart.

LES PRÉRÉGLAGES

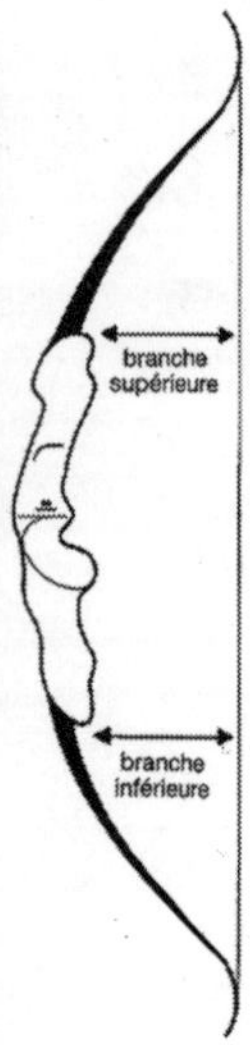

La mesure du tiller.

LE TILLER

C'est la différence en millimètres de distance entre la corde et la base de la branche supérieure, et de la distance entre la corde et la base de la branche inférieure. Le nombre doit être plus important pour la branche du haut ; l'écart entre les deux mesures doit se situer entre 2 et 10 mm.

LE BAND

Le band de votre arc est égal à la distance comprise entre le berger button et la corde ; il s'exprime en centimètres. On le vérifie habituellement avec une équerre à band. Il est réglable mais c'est une opération complexe à réaliser.
Il intervient directement sur la vitesse de sortie de la flèche.
C'est le bruit de votre arc qui vous indiquera si le band de votre arc a besoin d'être réglé.

- Si le bruit est trop aigu, le band est trop faible et inversement.
- Le contact de la corde à l'extrémité de chaque branche est un élément de contrôle. Si celui-ci se fait sur une longueur trop importante, cela signifie que le band est trop faible.

Pour les archers plus réguliers, vous pouvez tirer à 50 m en essayant différents bands et conserver celui qui procure le meilleur groupement.

TABLEAU DE RÉFÉRENCE DU BAND D'UN ARC
(Il peut être modifié de 0,5 cm)

Allonge/ Hauteur	60 à 65 cm	65 à 70 cm	70 à 75 cm	75 à 80 cm
64 pouces	20 à 21,5 cm			
66 pouces		21 à 22,5 cm		
68 pouces			22 à 23,5 cm	
70 pouces				23 à 24,5 cm
71 pouces				23,5 à 25 cm

Préparer son matériel

DANS UN PREMIER TEMPS, IL FAUT FAIRE LE CHOIX DU MATÉRIEL, TUBE, PUISSANCE DE L'ARC, CORDE (*lire le chapitre sur la présentation du matériel p. 12*).

LE RÉGLAGE DE L'ARC

C'est quelque chose de très personnel qui permet une harmonie parfaite de l'archer avec son matériel.

Que faut-il régler ?

- l'alignement flèche-viseur-berger button
- le point d'encochage ou détalonnage,
- le berger button.

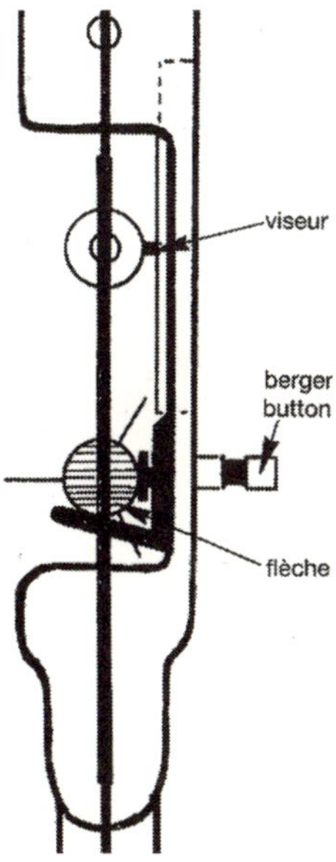

Vue arrière.
Contrôle de l'alignement flèche-viseur-berger button.

RÉGLER LES ALIGNEMENTS : FLÈCHE-VISEUR-BERGER BUTTON

Mettre la flèche sur l'arc en l'encochant et en la plaçant sur le repose-flèche. Après avoir posé l'arc sur une chaise devant soi, il faut regarder les alignements milieu de flèche et milieu de viseur dans le même axe, se mettre derrière l'arc. Après avoir tout mis dans le même axe, on peut passer au détalonnage, c'est-à-dire mettre les points d'encochage au bon endroit sur la corde.

LE DÉTALONNAGE

C'est le point où l'on place les repères d'encochage de la flèche.

Il s'effectue à l'aide d'une équerre.

- Pour cela, il faut se placer à 15 m d'une cible avec un blason à hauteur des yeux.
- Tirer 4 flèches : trois avec plumes et une sans plume.
- Première possibilité : les flèches avec plumes sont groupées avec la flèche sans plume, le détalonnage est bon.

Le détalonnage

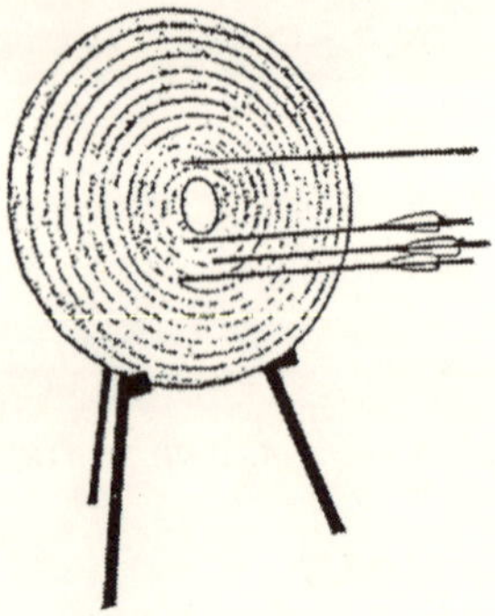

Remonter les points d'encochage.

Descendre les points d'encochage.

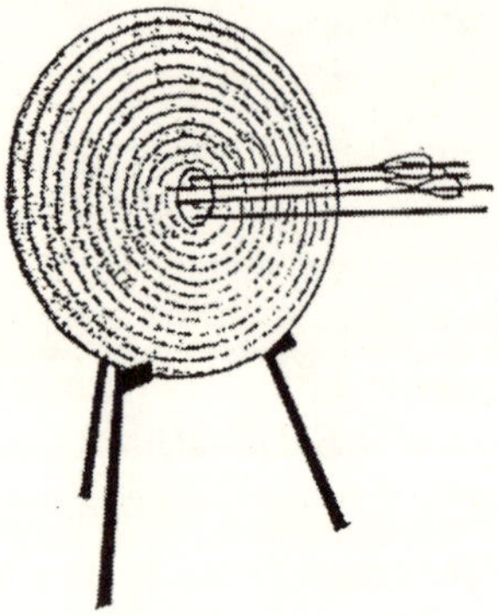

Bon détalonnage.

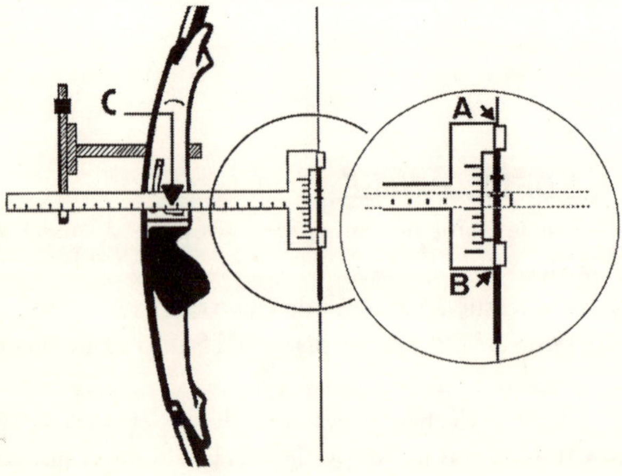

La mesure du détalonnage.

Précautions : L'appui sur le repose-flèche (C) ne doit être qu'un léger frôlement. Les attaches de l'équerre (A et B) doivent être bien enclenchées sur la corde.

- Deuxième possibilité : la flèche sans plume est plus haute.
  Il faut remonter les points d'encochage.
- Troisième possibilité : la flèche sans plume est plus basse.
  Il faut descendre les points d'encochage.

MISE EN PLACE DES REPÈRES D'ENCOCHAGE.
Lorsque vous mettez en place vos repères d'encochage et surtout si vous utilisez des « nockset », veillez à ce que leur écartement évite un serrage trop important de l'encoche lors de la propulsion de la flèche.

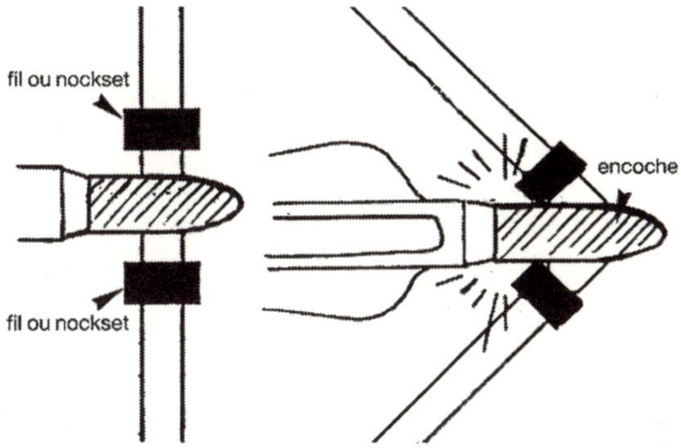

Attention à l'écartement de vos points d'encochage.

LE RÉGLAGE DU BERGER BUTTON

Choisissez un endroit abrité.
Il s'effectue à 15 m de la cible sur une bande de papier de 5 cm de large placé verticalement.
Si vous êtes un archer peu expérimenté, faites appel pour vous aider à quelqu'un de confirmé ou à un professeur. Serrez à fond votre berger button et tirez sur le visuel avec le viseur aligné, desserrez-le jusqu'à ce que vos flèches arrivent dans la bande.
Il se fait aux longues distances. La personne qui vous assiste dans ce réglage se place derrière vous et doit voir votre flèche prendre une trajectoire rectiligne.
Ensuite, se mettre à 30-50-60-70-90 m pour évaluer les groupements.
Réglage du berger button : vous pouvez aussi procéder à l'inverse en commençant par la plus longue distance mais toujours en restant progressif.

Choix des flèches

LES TUBES

Vous n'utilisez pas les mêmes flèches si vous êtes débutant ou si vous faites de la compétition.

POUR L'INITIATION (DÉBUTANTS)

2 sortes de tubes sont fréquemment utilisés :

- Tout d'abord les flèches en aluminium. On les choisit en fonction de sa puissance et de son allonge.
- Récemment, de nouveaux tubes d'initiation sont sortis (des tubes en carbone 100 %). Les Standards : ils ne se tordent pas et sont plus solides. Les références correspondent à la puissance tirée et à l'allonge du tireur mais le choix est facilité par une plage d'utilisation assez grande.

Puissance (en livres)	**Allonge du tireur** (en pouces)						
ARC	**25"**	**26"**	**27"**	**28"**	**29"**	**30"**	**31"**
15 à 20	14,16	14,16	15,16	16,16	17,14	17,16	17,16
20 à 25	14,16	15,16	16,14	16,18	17,16	18,14	18,16
25 à 30	15,16	16,14	16,16	17, 16	18,14	18,16	19,14
30 à 35	16,14	16,16	17,16	17,16	18,16	19,14	19,16
35 à 40	16,16	17,14	17,16	18, 16	18,18	19,16	20,13
40 à 45	17,14	17,16	18,16	18,16	19,16	20,16	21,14
45 à 50	17,16	18,16	18,18	19,16	19,18	21,14	21,15

Dénomination	**Allonge**	**Puissance de l'arc**
Standard 10/20	71,1 cm	10 à 20 Lbs
Standard 15/25	72,4 cm	15 à 25 Lbs
Standard 20/30	73,6 cm	20 à 30 Lbs
Standard 25/35	74,9 cm	25 à 35 Lbs
Standard 30/40	77,5 cm	30 à 40 Lbs
Standard 35/45	78,7 cm	35 à 45 Lbs

POUR LA COMPÉTITION

3 sortes de tubes sont utilisés.

Les tubes en aluminium

Ces tubes sont utilisés surtout en tir en salle car les diamètres sont plus gros (plus facile pour les cordons). On les choisit en rapport avec sa puissance et son allonge.

Les flèches en carbone Diva (100 % carbone, environ 40 F)

On se base sur le tube en aluminium utilisé précédemment pour choisir son tube en carbone. D'après le tableau suivant, plusieurs tubes aluminium correspondent à un modèle de tube Diva, c'est pourquoi 3 types de pointes sont nécessaires pour affiner le réglage et arriver au bon compromis (légères, moyennes, lourdes).

Les Ace

Les tubes les plus chers (100 F), composés d'aluminium et de carbone, très utilisés chez les tireurs de haut niveau. Ils se choisissent aussi en fonction de l'allonge et de la puissance.

Là encore, ce sont les tubes aluminium qui en sont la référence.

Pour chaque référence de tube aluminium, vous aurez le choix entre deux types de tubes Ace qui n'offrent pas la même rigidité.

Exemple : I 813 850 : tube plus souple
780 : tube rigide

Le numéro inscrit sur le tube Ace indique sa rigidité ou spine en millièmes de millimètre.

Si vous tirez habituellement…	vous choisirez
14/16 mais aussi 15/16, 16/14	Diva 15
16/14 mais aussi 15/18, 16/16, 16/18, 17/13	Diva 16
17/14 mais aussi 17/16, 18/13	Diva 17
18/14 mais aussi 18/15, 18/16, 17/18	Diva 18
19/14 mais aussi 18/16, 18/18, 19/13, 19/15	Diva 19
20/14 mais aussi 19/16, 19/17, 20/13	Diva 20
21/14 mais aussi 20/16, 19/18	Diva 21
22/13 mais aussi 20/18, 21/17, 21/15	Diva 22

TABLE DE SÉLECTION COMPARATIVE ALUMINIUM/ACE			
Références des tubes aluminium	I 206 Ace numéros des tubes	Ace poids des pointes	combinaisons pointes + inserts
I 416	I 400	75-85	H4
I 516	I 250	65-75	F4
I 614	I 100	70-80	H3
	I 000	85-95	J4
I 616	I 000	70-75	H3
	920	85-95	J4

TABLE DE SÉLECTION COMPARATIVE ALUMINIUM/ACE (suite)			
Références des tubes aluminium	1206 Ace numéros des tubes	Ace poids des pointes	combinaisons pointes + inserts
1713	1 000	60-70	F3
	920	80-85	J3
1714	920	65-75	F4
	850	85-90	J4
1716	850	60- 70	F3
	780	80-90	J3
1813	850	60-70	F3
	780	75-85	H4
1814	780	60-70	F3
	720	80-90	J3
1816	720	65-75	F4
	670	80-90	J3
1914	670	60-70	F3
	620	75-85	H4
1916	620	60-70	F3
	570	80-85	J3
2013	620	55-65	F2
	570	70-80	H3
2014	570	70-75	H3
	520	90-95	J5
2016	520	70-80	H3
	470	90-95	J5
2114	520	60-65	F3
	470	80-90	J3
2115	470	65-75	F4
	430	85-95	J4
2215	430	65-70	F4
	400	80-90	J3

CHOIX DU TUBE ALUMINIUM EASTON (tableau simplifié)

Puissance d'un arc classique (recuve) ou compound (en livres et en kg)	LONGUEUR DU TUBE DE FLÈCHE (en pouce et en cm). Distance mesurée du creux de l'encoche au point de référence permettant le calcul de l'allonge théorique situé 2 cm en avant du milieu du berger button									PUISSANCE D'UN ARC COMPOUND AU « PEAK » (pesé en livres et en kg)	
	61,0 cm	63,5 cm	66,0 cm	68,6 cm	71,1 cm	73,7 cm	76,2 cm	78,7 cm	81,3 cm		
	24"	25"	26"	27"	28"	29"	30"	31"	32"	30% let-off	50% let-off
20-20 ≠ (9,1-11,3 kg)	1416◆	1516◆	1516◆✱ 1518◆	1518◆ 1614✱ 1616◆✱	1616◆✱ 1713◆ 1714✱	1714✱ 1617◆✱ 1813◆	1813◆ 1814✱ 1816◆✱	1913◆		24-29 ≠ (10,9-13,2 kg)	27-33 ≠ (12,3-15,0 kg)
25-30 ≠ (11,3-16,5 kg)	1516✱	1516◆✱ 1518◆	1518◆ 1614✱ 1616◆✱	1616◆✱ 1618◆ 1713◆ 1714✱	1714✱ 1716◆✱ 1813◆	1716◆✱ 1813◆ 1814✱	1816◆✱ 1913◆	1914✱ 1916◆✱		29-35 (13,2-15,9 kg)	33-40 (15,0-18,1 kg)
30-35 ≠ (13,6-15,9 kg)	1516✱ 1518◆	1518◆✱ 1614✱	1616◆✱ 1618◆ 1713◆ 1714✱	1618◆ 1714✱ 1716◆✱ 1813◆	1716◆✱ 1813◆ 1814✱	1718◆ 1816◆✱ 1913◆	1818◆ 1914✱ 1916◆✱	1916◆✱ 2013◆ 2014✱	2016◆ 2114◆	35-41 ≠ (15,9-18,6 kg)	40-47 ≠ (18,1-21,3 kg)
35-40 ≠ (15,9-18,1 kg)	1518◆ 1614✱	1616◆✱ 1618◆ 1713◆	1618◆ 1714✱ 1716◆✱ 1813◆	1716◆✱ 1813◆ 1814✱	1718◆ 1816◆✱ 1913◆	1818◆ 1914✱ 1916◆✱	1916◆✱ 2013◆ 2014✱	1918◆ 2016◆ 2114◆	2018◆ 2114◆ 2115✱ 2213◆	41-47 ≠ (18,6-21,3 kg)	47-53 ≠ (21,3-24,0 kg)
40-45 ≠ (18,1-20,4 kg)	1616◆✱ 1618◆ 1713◆	1618◆ 1714✱ 1716◆✱ 1813◆	1716◆✱ 1813◆ 1814✱	1718◆ 1816◆✱ 1913◆	1818◆ 1914✱ 1916◆✱	1916◆✱ 2013◆ 2014✱	1918◆ 2016◆ 2114◆	2018◆ 2114◆ 2115✱ 2213◆	2018◆ 2115✱ 2213◆	47-53 ≠ (21,3-24,0 kg)	53-60 ≠ (24,0-27,2 kg)
45-50 ≠ (20,4-22,7 kg)	1618◆ 1714✱ 1716◆✱ 1813◆	1716◆✱ 1813◆ 1814◆✱	1718◆ 1816◆✱ 1913◆	1818◆ 1914✱ 1916◆✱	1916◆✱ 2013◆ 2014✱	1918◆ 2016◆ 2114◆	2018◆ 2114◆ 2115✱ 2213◆	2018◆ 2115✱ 2213◆	2117◆ 2216◆	53-59 ≠ (24,9-26,8 kg)	60-67 ≠ (27,2-30,4 kg)
50-55 ≠ (22,7-24,9 kg)		1718◆ 1816◆✱ 1913◆	1818◆ 1914✱ 1916◆✱	1916◆✱ 2013◆ 2014✱	1918◆ 2016◆ 2114◆	2018◆ 2114◆ 2115✱ 2213◆	2018◆ 2115✱ 2213◆	2117◆ 2216◆	2216◆	59-65 ≠ (26,8-29,5 kg)	67-73 ≠ 30,4-33,1 kg)
55-60 ≠ (24,9-27,2 kg)			1916◆✱ 2013◆ 2014✱	1918◆ 2016◆ 2114◆	2018◆ 2114◆ 2115✱ 2213◆	2018◆ 2115✱ 2213◆	2117◆ 2216◆	2216◆	2219◆	65-71 ≠ (29,5-32,2 kg)	73-80 ≠ (33,1-36,3 kg)

◆ Tube xx 75 ✱ Tube x 7

Exemples :

- Pour une puissance de 38 (livres) à 71 cm d'allonge : il faudra orienter son choix vers la 1913 xx 75 ou 1914 x 7 (en fonction du niveau technique et du matériel utilisé, le choix peut varier sensiblement).
- Pour une puissance de 45 (livres) à 73,7 cm d'allonge, il faudra orienter son choix vers la 2013 xx 75 ou 2014 x 7.

• Utilisation

Aluminium : utilisé à haut niveau en salle, Diva + Ace : utilisé à haut niveau en extérieur.

• Rapport qualité/prix

Alu et Diva : bon rapport qualité/prix (pas très chers),
Ace : très fiables mais chers.
On peut aussi faire une équivalence entre les tubes Alu/Diva/Ace.

TABLEAU D'ÉQUIVALENCES ENTRE FLECHE ALUMINIUM, ACE ET 100 % CARBONE

Allonge / Puissance	tube aluminium (réf. de base)	pointe (poids)	encoche	tube ace	pointe (poids)	pointe + insert	encoche	tube 100 % carbone	pointe	encoche	case
63,5 / 30 à 35	1614 x7	9 %	Bjon	1000	75/85	H3	Easton	DV 16	P10	Beiter	1
		7 %	7/32		60/65	F3	Ace	17			
66 / 35 à 40	1714 x7	9 %	Bjon	920	60/65	F3	Ace	17	P10	Beiter	2
	1813 xx75	7 %	1/4	850	75/85	H3		18			
68,6 / 35 à 40	1813 xx75	9 %		780	60/65	F3	Ace	18	P10	Beiter	3
	1814 x7	7 %	1/4	720	75/85	H3		19	P11		
71 / 35 à 40	1914 x7	9 %		670	60/65	F3	Ace	19	P11	Beiter	4
	2013 xx75	7 %	1/4	620	70/80	H3		20			
73,7 / 40 à 45	2013 xx75	9 %	Bjon	570	65/75	F3	Ace	20	P11	Beiter	5
	2014 x7	7 %	9/32	520	85/95	J3		21			
76 / 45 à 50	2114 xx75	9 %	Bjon	520	60/65	F3	Ace	21	P11	Beiter	6
	2213 xx75	7 %	5/16	470	80/90	H4		22			

À chaque type de tubes correspondent des encoches et des pointes différentes :

Aluminium

Pointes 7 % : légères.
Pointes 9 % : lourdes.
Encoches Bjorn ou Beiter 9/32 - 5/16.

Ace

pointes (6 tailles) + inserts (différentes tailles) encoches Beiter 2 tailles Ace 2 tailles.

Diva

pointes (3 tailles, légère, moyenne, lourde) encoches Beiter 2 tailles + encoche Beman.

Pour plus de précision pour les combinaisons tubes/pointes, il vaut mieux consulter un spécialiste et réaliser plusieurs tests.

		COMBINAISON INSERT/POINTES		
POINTES		INSERTS (LONGUEUR ET POIDS)		
		F	H	J
Pointe	Poids	29 grains	39 grains	49 grains
I	26 grains	FI (55 grains)	HI (65 grains)	JI (75 grains)
2	3I grains	F2 (60 grains)	H2 (70 grains)	J2 (80 grains)
3	36 grains	F3 (65 grains)-	H3 (75 grains)	J3 (85 grains)
4	4I grains	F4 (70 grains)	H4 (80 grains)	J4 (90 grains)
5	46 grains	F5 (75 grains)	H5 (85 grains)	J5 (95 grains)
6	5I grains	F6 (80 grains)	H6 (90 grains)	J6 (100 grains)

Tous les tableaux sont de M. Nayrole et F. Simon.

CAROLE FERRIOU

Évolution de mes choix de tubes

Jusqu'à 1987 : tube aluminium.

De 1987 à 1989 : tube carbone Beman Diva 18.

Depuis 1989 à 1993 : Ace. Arc Nishizawa 67 pouces - 37 livres
Poignée H 46
Corde Fast flight 17 brins
Tubes Ace 720 - spin Wing - encoches Ace
Allonge 69 cm
Tiller + 5 mm
Détalonnage + 4 mm.

Depuis 1993 : Arc Hoyt Radian - poignée H25 - branches carbone 66/36 - puissance réelle 38 -
Corde Dynema 17 brins -
Tubes Ace 670/pointes inserts J5/plumes spin wing - encoches Beiter -
Allonge 69cm
Tiller + 7mm
Détalonnage : + 4mm

SÉBASTIEN FLUTE

Évolution de mes choix de tubes

Jusqu'à 1988 : tubes aluminium.
1988 : tubes carbone Beman.

1989 : tubes carbone Ace.

Aujourd'hui : Arc Yamaha Eolla
68 pouces - 47 livres - 48 livres en pleine allonge
Corde Fast Flight (16 brins)
Tubes ACE 520 - pointes inserts H5 - spin Wing - encoches Beiter
Hiver, aluminium 21/14
Allonge 70 cm
Tiller + 6 mm
Détalonnage + 6 mm.

Accessoires : Stabilisation : Yamaha
Viseur : Yamaha Carbone
Repose - flèche : Yamaha
Carquois : Olympe Flute
Dragonne : Arc Systeme
Berger button : Olympe

Monter une flèche

LE MONTAGE D'UNE FLÈCHE EST UN EXERCICE RELATIVEMENT LONG ET COMPLIQUÉ AUQUEL NE SE LIVRENT QUE LES ARCHERS CONFIRMÉS.
VOUS AUREZ BESOIN DES ÉLÉMENTS SUIVANTS : TUBE, COUPE-TUBE, ENCOCHES, POINTES, PLUMES, EMPENNEUSE, COLLE, RÉSINE, UNE FINE LIME RONDE, UNE SOURCE DE CHALEUR, ACÉTONE, CHIFFON.

COUPER LE TUBE

Coupez le tube à la longueur qui aura été définie après le réglage de l'arc de préférence à l'aide d'un coupe-tube électrique spécialement étudié pour couper toutes les sortes de tubes de manière régulière et soignée.

- Le tube est coupé en fonction de l'allonge de l'archer. Il n'est pas nécessaire de le couper à chaque extrémité. Il suffit de retirer la partie avant de la flèche, celle qui doit recevoir la pointe.
- Attention, les flèches Ace Easton font exception à la règle, car elles ne sont pas filiformes et nécessitent donc d'être coupées à chaque extrémité.
- En règle générale, coupez vos tubes 3 cm plus long que votre allonge.

Égaliser l'intérieur et l'extérieur du tube à l'aide d'une fine lime ronde. Si ce n'est pas fait, les bavures risquent d'empêcher la résine de rester sur la pointe au moment où vous l'enfoncerez dans le tube.

COLLER LA POINTE

Matériel nécessaire : flamme, pince et résine.

- Sur une flamme, chauffez la pointe maintenue à l'aide d'une pince en faisant attention de ne pas la noircir. La pointe est chaude dès lors que le bâton de résine reste à son contact.
- Étalez la résine sur la pointe chaude sans en mettre trop ; l'important est qu'il y ait de la résine à l'arrière de la pointe.
- Introduisez la pointe dans le tube, et enfoncez-la en la faisant légèrement tourner sur elle-même afin que la résine s'étale bien tout autour.

Attention, choisissez une résine adaptée à votre tube ; il existe des résines pour tubes carbone et des résines pour tubes aluminium. En revanche, une pointe Ace se colle avec une résine de flèche aluminium.

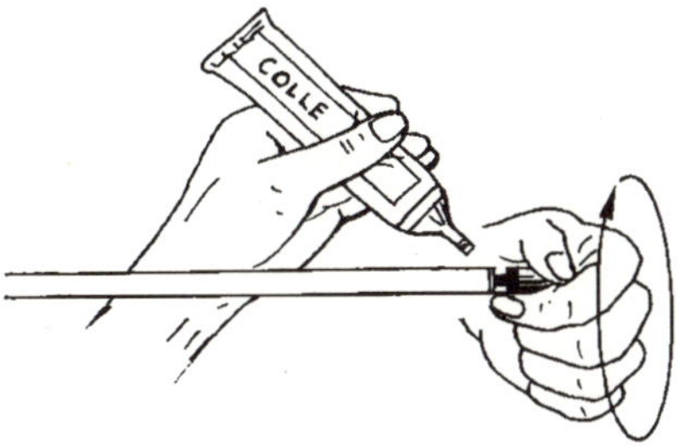

PLACER L'ENCOCHE

Matériel nécessaire : acétone, chiffon, colle.

ENCOCHE À COLLER SUR UN CÔNE
(par exemple sur flèche aluminium).

- Tout d'abord, dégraissez bien le tube à l'aide d'acétone ou de trichloréthylène et assurez-vous que l'encoche est propre (on ne recolle jamais une encoche qui a déjà été collée même si elle n'est pas cassée, car il reste toujours des dépôts de colle).

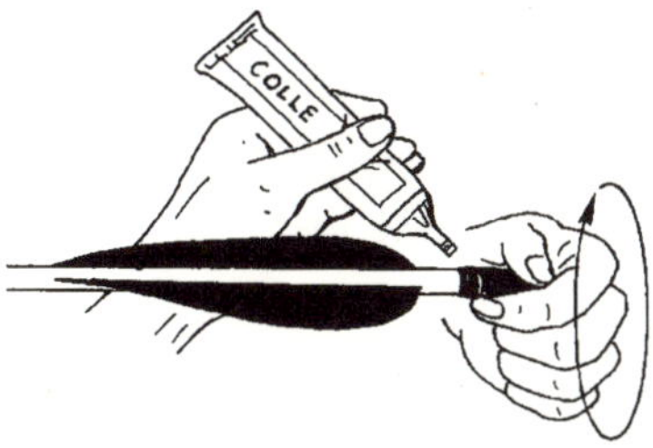

- Introduisez une goutte de colle au fond de l'encoche puis enfoncez-la dans le cône en lui faisant faire un quart de tour toujours afin de mieux étaler la colle.

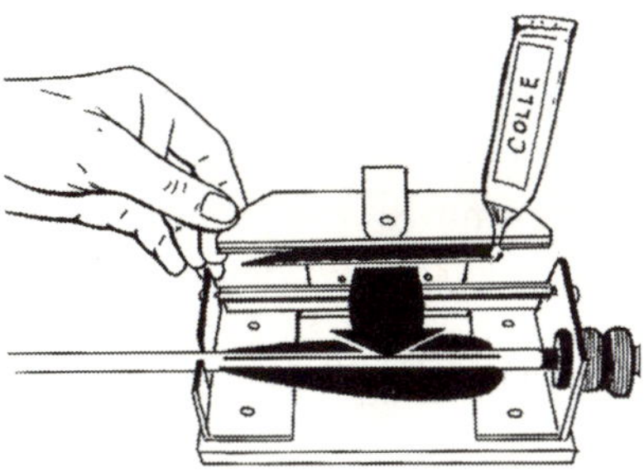

ENCOCHE À EMBOÎTER PAR-DESSUS LE TUBE OU À INTRODUIRE DANS LE TUBE
(par exemple encoche Beiter).
En général, il suffit de l'emboîter à fond, car elle est ajustée. S'il y a un peu de jeu, le mieux est de la fixer avec un morceau de fil ou de Téflon. Évitez d'utiliser du fil à coudre qui a tendance à fendre l'encoche.

COLLER LES PLUMES

Matériel nécessaire : acétone, empenneuse, colle, chiffon. Il est primordial de dégraisser parfaitement tout le tube (particulièrement avec les tubes carbone) en faisant attention de ne pas passer le chiffon imbibé de produit dégraissant sur l'encoche, cela risquerait de la faire fondre.

- Repérez la distance entre l'arrière de la plume et le creux de l'encoche en la marquant sur la pince de l'empenneuse.

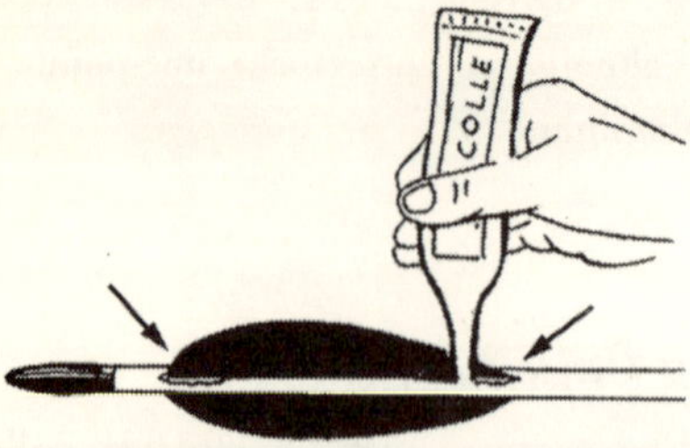

- Le collage des plumes : utilisez de la colle type FPS ou Panhalic. Prenez la pince de l'empenneuse, placez-y la plume en faisant coïncider l'arrière de la plume avec la marque tracée sur la pince.
- Passez le chiffon sur la plume afin de la dégraisser (pas plus de deux passages, sinon elle risquerait d'être détériorée).
- Appliquez un filet de colle sur la base et mettez en contact la plume et la pince en la plaçant dans l'empenneuse.
- Une fois la pression appliquée, laissez la plume dans l'empenneuse une minute.
- Retirez la pince, faites tourner la flèche pour y placer la plume suivante.
- Appliquez une goutte de colle aux extrémités de chaque plume.

PLUME À COLLER AU DOUBLE FACE : LES SPIN WING

- Placez la flèche dans l'empenneuse.
- Mettez en place la pince en contact avec le tube.
- À l'aide d'un crayon fin et indélébile, tracez un trait le long de la pince de l'arrière de la plume, jusqu'à l'avant de celle-ci.
- Retirez la pince de l'empenneuse et appliquez le double face le long de la marque sur le tube, faites coller le double face en appuyant à l'aide d'un objet lisse le long du tube.
- Collez la plume sur le double face et appuyez fortement tout le long.
- Coupez les surplus de double face aux extrémités de la plume.
- Appliquez un point de colle aux extrémités de chaque plume.
- On peut aussi enrouler du fil à coudre que l'on fixera à l'aide d'une colle épaisse et rapide (cyanolite), cela supprime le risque de voir l'avant de la plume se décoller, mais cela demande plus de temps.
- Avant d'utiliser une flèche fraîchement montée, mieux vaut attendre quatre à cinq heures pour des plumes normales et au moins deux heures pour des spin wing, afin d'éviter qu'elles ne se décollent.

L'ÉQUILIBRAGE D'UN TUBE

Il se chiffre en pourcentage. On l'obtient en divisant la distance entre le milieu de la flèche et son centre de gravité par la longueur de la flèche.
Il est très influencé par le poids de la pointe qui a pour effet de déplacer le centre de gravité de la flèche.
Plus le pourcentage est grand et plus le comportement de la flèche en vol ressemble à celui d'un tube souple (et vice versa).

La corde

PLUSIEURS SORTES DE FIBRES SONT ACTUELLEMENT EMPLOYÉES POUR LA FABRICATION DES CORDES, LE DACRON, LE KEVLAR, ET LE FAST- FLIGHT.

LE CHOIX DE LA CORDE

Nous avons à notre disposition des cordes en dacron, en kevlar et en fast-flight dont le nombre de brins varie suivant la puissance de l'arc. (*Source FFTA*)

Cordes en dacron

Vrillage maximal de 30 tours.

de 15 à 30 lbs	8 à 10 brins
de 30 à 40 lbs	10 à 12 brins
Plus de 40 lbs	12 à 14 brins

Cordes en fast-flight (flite).

Vrillage maximal de 3 à 10 tours.

de 30 à 35 lbs	12 brins
de 35 à 40 lbs	14 brins
de 40 à 45 lbs	16 brins
au-delà de 45 lbs	18 brins

Cordes en kevlar

Vrillage maximal de 20 tours.

de 25 à 30 lbs	12 brins
de 30 à 35 lbs	14 brins
de 35 à 40 lbs	16 brins
de 40 à 45 lbs	18 brins
au-delà de 45 lbs	20 brins

Le nombre de brins de corde est donné à titre indicatif et peut être modulé en fonction de choix techniques et individuels.

CHOIX D'UNE FIBRE

Lors de l'achat d'arcs plus performants, nous choisirons soit du kevlar, soit du fast-flight. Pour un rendement optimal, nous choisirons la corde la plus légère possible tout en restant le plus près possible des données ci-dessus. À titre indicatif, la longueur de corde est d'environ 8 cm plus courte que la hauteur de l'arc.

COMMENT FAIRE UNE CORDE ?

Méthode employée par Sébastien Flute

Si jusqu'à présent vous achetiez votre corde toute faite chez un détaillant, aujourd'hui vous vous sentez devenu un archer confirmé, c'est le moment d'apprendre à faire vous-même votre corde.

Il y a deux méthodes pour réaliser sa corde soi-même.

Dans les deux cas, il faut disposer d'un métier à corde, de tranche-fil, d'une équerre et de brins de fast-flight (matière employée pour la réalisation d'une corde), de kevlar ou de dacron.

La méthode que j'utilise est à mon avis la plus simple et la plus rapide ; elle consiste à fabriquer la nouvelle corde à partir de l'ancienne.

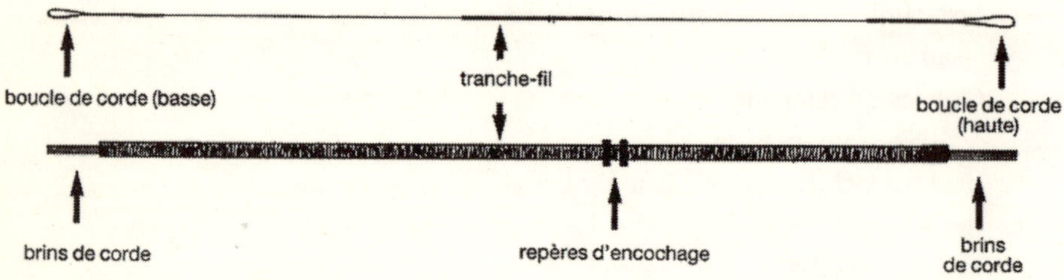

Détail de la corde.

1. Placez la vieille corde qui servira de gabarit sur le métier. N'oubliez pas d'enlever tous les tours qu'il peut y avoir sur la corde.
2. Réglez le métier environ 3 à 4 mm plus court que le gabarit (l'ancienne corde est déjà détendue).
3. Commencez à enrouler le fast-flight comme le montre le schéma suivant. Comptez les brins comme c'est indiqué (il vous faudra environ 23 à 30 m).
4. Une fois le fast-flight embobiné, commencez la poupée du bout.
5. Une fois le tranche-fil numéro 1 exécuté, coupez les deux brins qui ne comptent pas.
6. Recommencez sur l'autre poupée comme pour la première.

Pour vous repérer plus facilement, ne laissez que 2 cm au lieu de 3. La poupée la plus grande sera celle du haut et l'autre celle du bas.

7. Faites une dizaine de tours avec la corde. La placer ensuite sur l'arc et bander celui-ci.
8. Avant de faire le tranche-fil du milieu, prenez une vingtaine de centimètres de tranche-fil, et faites 4 ou 5 tours autour de la corde.

Saisir les deux extrémités et tirer sur ceux-ci. Faites 2 aller et retour entre

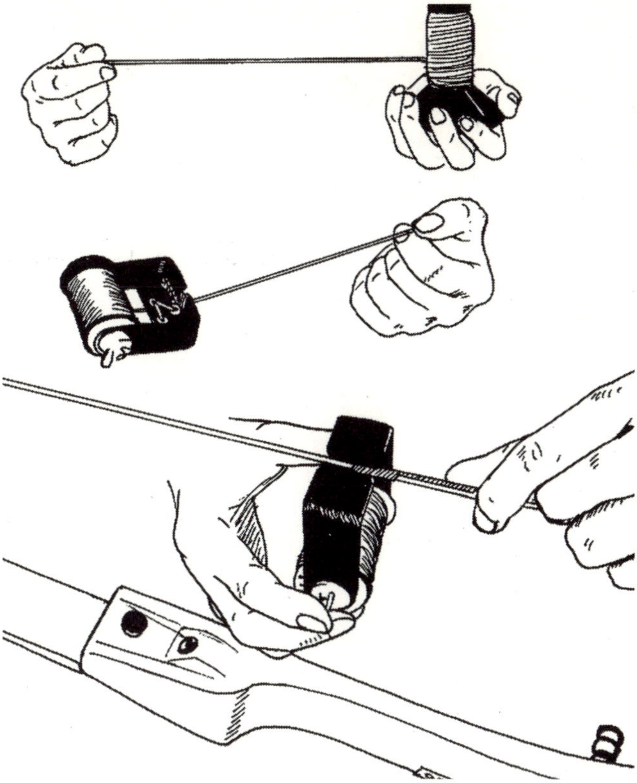

Faire une corde. Embobiner le tranche fil autour de la corde à l'aide du bobineau.

les extrémités de la corde, afin d'enlever l'excédent de cire éventuel avoir dessus. Cela permet de ne pas avoir une corde trop « poisseuse ». Enfin, repérez avec votre équerre la position au tranche-fil. Il doit être 2 à 3 cm au-dessus de l'emplacement du point d'encochage et 7 à 8 cm ou dessous. C'est fini.

DEUXIÈME MÉTHODE

Il existe une autre manière de faire une corde, qui consiste à embobiner du tranche-fil sur l'intégralité de la poupée. Cela la rend un peu plus solide mais demande beaucoup plus de temps à réaliser. De plus, il est beaucoup plus difficile d'obtenir deux cordes exactement de la même longueur avec cette méthode.

La séquence de tir

LA SÉQUENCE DE SÉBASTIEN FLUTE

Mon approche du tir a beaucoup changé depuis 1991. Toute ma méthode de travail est axée sur la continuité. Tout le travail que j'effectue à l'entraînement a pour seul but de rendre l'action de tirer une flèche en compétition bien évidemment le mieux possible, et surtout le plus simplement possible. Je dois me concentrer sur un minimum de choses, la principale étant le maintien de la concentration sur la cible. Pour y parvenir, voici la méthode que nous adoptons avec Michaël Nayrole, mon entraîneur dans ma préparation.

1

2

3

4

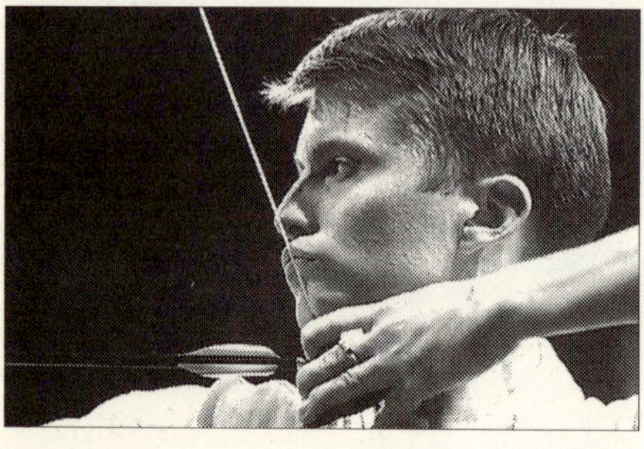

5

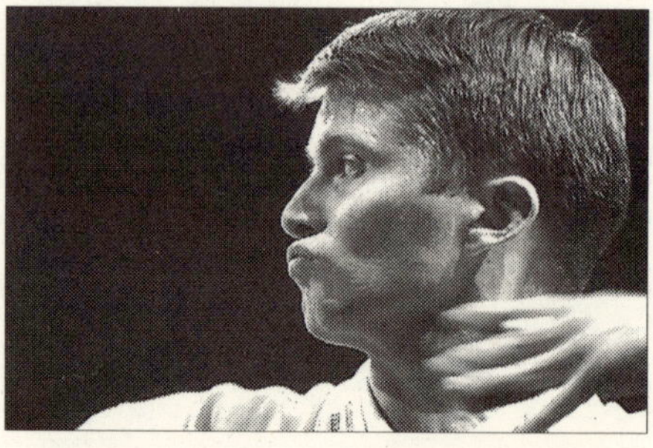

MÉTHODE DE TRAVAIL : TOUT AXER SUR LA CONTINUITÉ

Première étape : le travail sur la paille

Cette étape a pour but d'acquérir une qualité fondamentale : la continuité.

Pour un débutant

Cette étape permet à la fois de développer cette qualité et de corriger un ou deux points faibles de sa technique.

Pour un tireur plus expérimenté :

Il cherchera à ne ressentir qu'une seule chose, la continuité de son mouvement entre le moment où il monte son arc jusqu'à la fin de son geste (c'est le moment déterminé par le tireur).

Je ne cherche pas à parler de repère arrière.

Il ne doit pas y avoir d'arrêt dans le déroulement de son mouvement, et pour cela il ne doit pas chercher à ressentir de point de repère au visage (le fait de travailler sur la paille permet de ne pas se préoccuper de la visée).

1 : *Le regard est déjà tourné vers la cible.*
2 : *Encochez la flèche en repérant la plume coq (de couleur différente), elle doit être tournée vers l'extérieur de l'arc. Ensuite, engagez votre main d'arc au fond du grip, doigts décontractés de telle sorte que la paume épouse sa forme. Placez vos doigts sur la corde au creux de la première phalange. Si vous tirez avec un arc sans viseur, les trois doigts index, majeur et annulaire se placent à 5 centimètres sous le repère d'encochage. Si vous tirez avec un viseur, l'index est au-dessus de l'encoche, les deux autres doigts juste au-dessous. La main de corde est elle aussi décontractée. Vous êtes prêt à prendre votre visée en exerçant une traction sur la corde, le bras d'arc s'opposant à cette force par une légère poussée en direction de la cible.*
3 - 4 : *Votre visée ne doit pas excéder deux à trois secondes, faute de quoi vous interrompez la continuité de votre geste et vous risquez de perdre votre stabilité.*
5 - 6 : *Laissez glisser la corde des doigts en prolongeant le mouvement de votre main vers l'arrière et en maintenant votre position jusqu'à l'arrivée de la flèche en cible.*
7 : *Utilisez vos jumelles si bon vous semble après la première flèche tirée.*

6

7

À force de le travailler, ce chemin moteur va se dérouler sans aucune intervention consciente de la part du tireur : il aura mécanisé son geste. Cela demande une répétition importante à l'entraînement, mais il ne me paraît pas y avoir d'autre solution.

Deuxième étape : le travail sur visuel

Cette étape est intermédiaire avant le travail sur la cible.

Elle permet de se concentrer sur l'objectif (facile à atteindre) et de laisser faire la continuité du mouvement acquise dans l'étape précédente. Cela est primordial avant de passer sur la cible.

Mettez-vous sur le visuel (ex. cible retournée) et concentrez-vous uniquement sur le viseur. Il faut le voir net avec le visuel flou derrière. Laissez faire votre mouvement tout seul, celui-ci aura été mécanisé dans l'étape 1.

Cette étape est satisfaisante lorsque vous n'avez pas à porter attention sur la continuité de votre mouvement.

Troisième étape : le travail sur la cible

Cette étape est l'étape finale.

Maintenant le tireur est sur la cible, se concentre sur elle et laisse son mouvement s'exécuter comme dans l'étape 2.

Il est important qu'il maintienne son attention sur la cible bien au-delà de l'échappement, cela lui permet de ne pas couper sa concentration trop tôt (maintien au moins jusqu'à la fin de geste, lorsque la flèche arrive en cible).

Il est clair qu'au départ il va falloir insister sur l'étape 1 avant de passer aux suivantes, mais il est bon de revenir régulièrement sur les étapes 1 et 2 afin d'entretenir la continuité.

LA SÉQUENCE DE TIR

1. Mise en place sur le pas de tir

En même temps, je commence à me concentrer et à penser à la flèche que je vais tirer.

2. Je place mes doigts

sur la corde et dans la poignée. À ce moment, mon regard se porte sur la cible et je suis complètement concentré sur elle (l'objectif à atteindre). Ces placements sont les seuls que je fais consciemment, tout le reste du geste se fait de manière automatique (grâce aux étapes de travail 1, 2 et 3).

3. Je monte mon arc

vers la cible et mon mouvement s'exécute de manière automatique et continue : préarmement, visée...

4. Le lâcher s'est exécuté normalement

et je continue à maintenir mon attention sur la cible jusqu'à ce que la flèche y arrive. Jusqu'à la fin du geste, il n'y a pas de contrôle de ma part.

Ce type de concentration, la même chose du début à la fin, d'une façon simple et très proche de l'objectif à atteindre, est primordiale. Cela permet dans des compétitions où les conditions sont difficiles (pression, conditions atmosphériques) de ne pas perdre le fil et de pouvoir se raccrocher à des choses simples de façon à rentrer le plus rapidement possible dans la compétition.

LA SÉQUENCE DE TIR DE CAROLE FERRIOU

Actuellement, la conception du tir à l'arc s'oriente vers l'apprentissage d'un geste global. Cependant, il est important pour apprendre et automatiser ce geste de savoir ce que l'on fait et à quel moment. C'est pourquoi on parle encore de séquence de tir. Celle-ci étant un moyen de contrôle sur notre mouvement.

1. Installation sur le pas de tir

Je place mes appuis au sol, encoche ma flèche. Le passage en revue de mes accessoires tels que le bracelet, le plastron, le resserrage de la dragonne, fait partie de ma séquence de tir.

2. Préparation

Placement de la main dans le grip et des doigts sur la corde en faisant attention de bien répartir les pressions sur le grip et sur la corde.

3. Préarmement

Je m'efforce de ressentir une sensation de grandissement et de renforcement de mes appuis au sol, et je poursuis dans le même axe que dans la phase précédente pour la répartition des forces de pression et de traction. C'est ce que l'on nomme de manière générale « la traction/répulsion ».

4. Armement

Je tire sur la corde de façon continue et régulière pour venir prendre mes repères tactiles sur le visage. Comme Sébastien, j'attache une importance particulière à la continuité de mon mouvement, ainsi, ma visée se fait automatiquement.

5. L'échappement et la fin du geste

Après le passage du clicker, contrôleur de mon allonge et signal de l'ouverture des doigts toujours souple et rapide, je finis mon geste toujours de manière identique. Le maintien de mon bras d'arc est très important pour avoir une relation continue avec la cible.

LA DÉCOMPOSITION DE LA SÉQUENCE DE TIR

À l'intérieur de la séquence de tir je distingue quatre sous-séquences complémentaires :

- la séquence des actes moteurs,
- la séquence respiratoire,
- la séquence visuelle,
- la séquence des images motrices.

LA SÉQUENCE DES ACTES MOTEURS

C'est la séquence de tous les mouvements à effectuer. Elle est la principale à connaître et à automatiser, car c'est à partir d'elle que vous automatiserez votre geste.

Installation
Arriver au pas de tir. Se positionner par rapport à la cible.
Prendre ses appuis au sol. Mettre la flèche sur l'arc.

Préparation
Positionner sa main sur le grip et l'autre sur la corde, la pression des deux mains équilibrée.

Préarmement
Lever son arc vers la cible. Sensation de grandissement.
Effet de traction/répulsion équilibrée.

Armement
Tirer sur la corde tout en résistant devant. Renforcement du reste du corps : appui au sol et épaule d'arc.

Fin de geste
Lâcher la corde. Maintenir son bras d'arc. Tonifier le corps tout en étant relâché.

LA SÉQUENCE RESPIRATOIRE

Elle est très importante au tir à l'arc, car la respiration n'est pas identique pendant toute la durée de la séquence de tir.

Installation
Respiration normale.

Préparation
Respiration normale avec une tendance à inspirer plus fort.

Préarmement
Inspiration relativement forte.

Armement
Fin de l'inspiration. Se tenir en apnée pendant que la corde arrive au visage.

Lâcher
Expiration continue et retour à une respiration normale.

LA SÉQUENCE VISUELLE

C'est le déplacement du regard à chaque moment de la séquence de tir. À partir du moment où le regard se concentre sur un point, il reste dirigé droit devant soi pour rester en contact avec la cible.

Installation

Le regard ne regarde rien en particulier, mais plutôt l'ensemble cible, appuis, flèche sur l'arc.

Préparation

Le regard se pose sur le grip puis sur les doigts de corde et enfin sur le centre de la cible.

Préarmement

Je me fixe sur un point de la cible puis je ne quitte plus le centre de la cible.

Armement

Durant toute la traction, je regarde le viseur au milieu de la cible.

Lâcher

Je continue à regarder la cible.

LA SÉQUENCES DES IMAGES MOTRICES

Ce sont les représentations proprioceptives du geste, c'est-à-dire tout ce que l'on ressent lors du tir d'une flèche.

Installation

Rien de précis.

Préparation

Répartition des points de pression dans le grip et sur les doigts de corde. Grandissement de l'axe vertical.

Préarmement

Grandissement répartition des forces de traction et de répulsion, appui ferme au sol, renforcement musculaire des parties du corps en action.

Armement

Sensation de glissement de la corde jusqu'au visage. Impression de former un « T » (axe du corps avec celui des épaules).

Lâcher

Le « T » doit être maintenu tout comme le bras d'arc avec le relâchement du lâcher. Vision mentale du trajet de la flèche vers la cible et maintien de la relation continue avec elle.

Si cette décomposition de la séquence de tir vous semble compliquée, sachez qu'il est utile de la connaître. Une fois que vous l'aurez mise noir sur blanc, vous vous connaîtrez mieux et vous serez mieux en mesure d'assimiler et de répéter votre geste de manière régulière.

La technique de tir

IL EXISTE PLUSIEURS REPÈRES INTERNES ET EXTERNES QUI PERMETTENT DE DÉFINIR LES BASES D'UNE BONNE TECHNIQUE DE TIR.

LES REPÈRES EXTERNES

Vous pouvez utiliser un caméscope pour vous voir tirer, pour comparer votre technique à celle d'autres tireurs et pouvoir mieux visualiser votre geste.

- De profil : respectez l'alignement main d'arc - main de corde - coude.
- De profil : attention à la position de l'épaule de votre bras d'arc, évitez de la relever.
- De dos : respectez l'alignement bras d'arc - coude - corde - flèche : c'est ce que l'on appelle être en ligne, tout doit être dans le prolongement l'un de l'autre.
- De dos : attention à l'alignement vertical du corps. Il dépend souvent des appuis que l'on a au sol. L'idéal est que le corps forme un angle droit avec le sol. Cela à l'avantage d'éviter les différences d'impact en cible et de limiter la fatigue au niveau des lombaires.

LES APPUIS AU SOL

1. Position droite et fiable, très utilisée par les archers. Position de base.
2. Position ouverte, elle dépend de la morphologie de l'archer.
Inconvénient : elle provoque une rotation au niveau du bassin qui n'est pas toujours facile à réaliser et à maintenir au moment du lâcher.
Elle peut donner naissance à des douleurs lombaires.
3. Peu utilisée, et surtout pas naturelle à éliminer.
4. Position simple, de plus en plus utilisée et très naturelle.

L'écart entre les pieds. Il doit être adapté à la morphologie de chaque archer et être de préférence de la largeur du bassin pour avoir une bonne stabilité en position de tir. En résumé, dans votre recherche de la meilleure position de tir possible, vous devez tendre vers la formation d'un « T » entre la verticalité du corps et la ligne horizontale épaules bras, et vers la formation d'un « T », retourné entre la position des pieds et la ligne de tir.

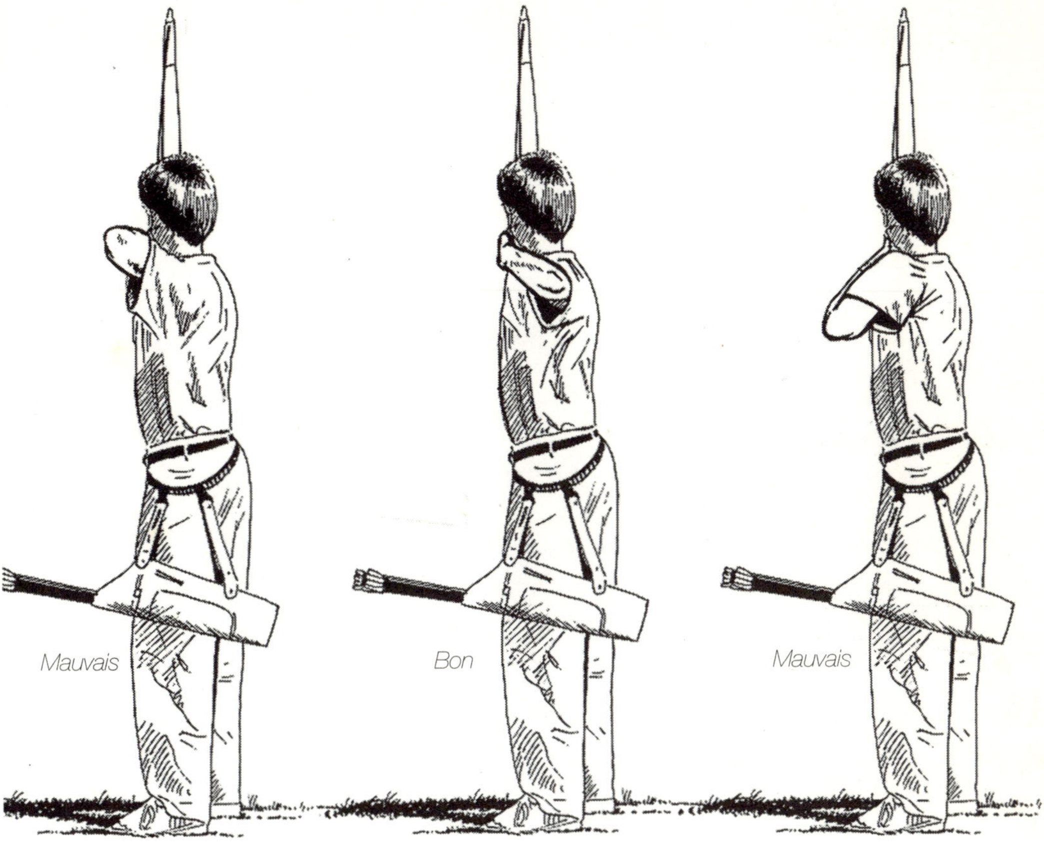

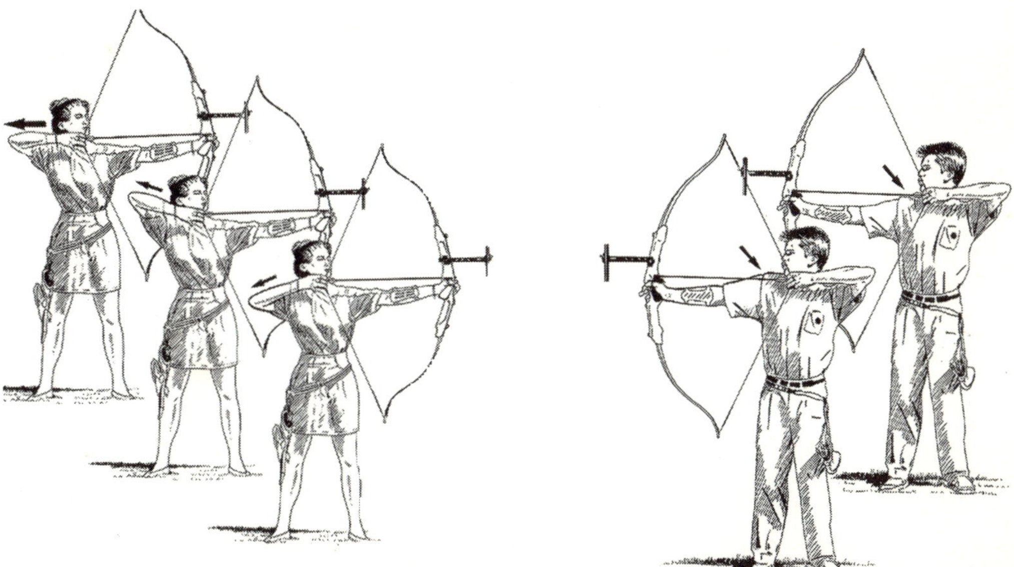

Les repères externes de profil. De gauche à droite :
bon, coude trop haut, coude trop bas ; épaule trop basse, bonne position

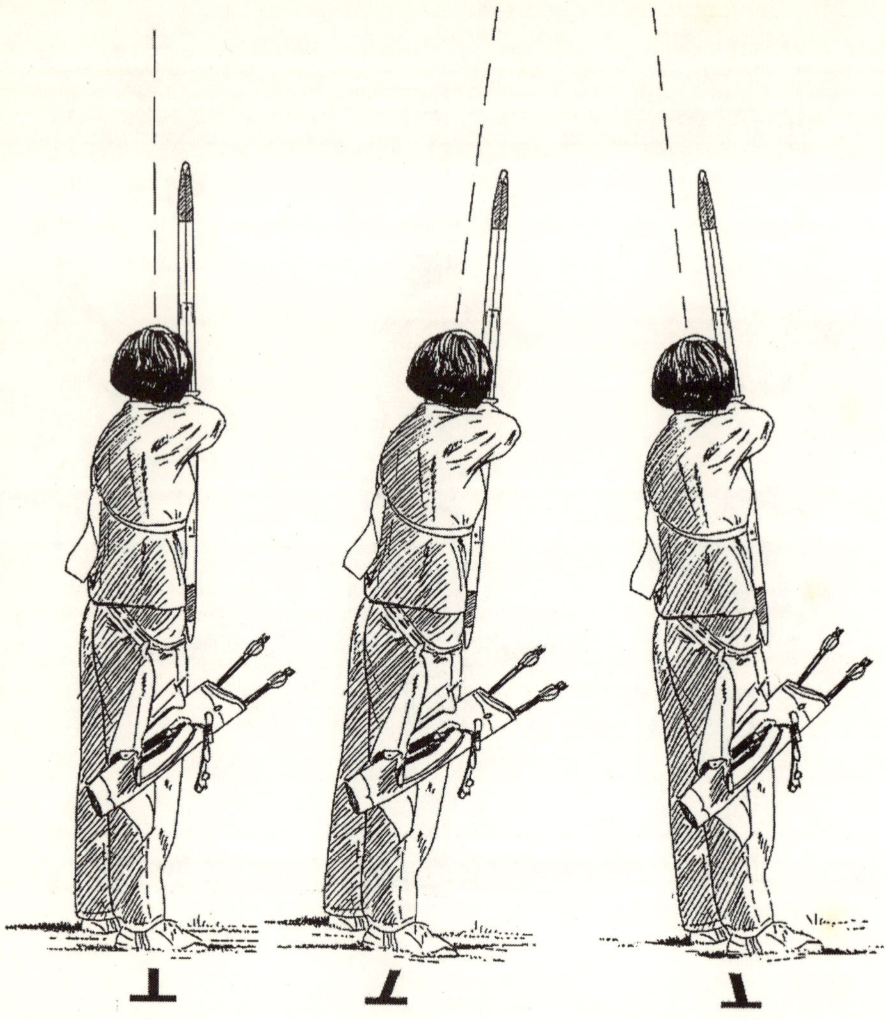

Ci-dessus. Alignement vertical du corps. À gauche, bonne position formant un T. Les autres positions sont trop en avant ou trop en arrière.

LES REPÈRES INTERNES OU PROPRIOCEPTIFS

Ce sont les sensations qui vous sont propres et que vous devez ressentir à chaque fois que vous tirez à l'arc, particulièrement à l'entraînement, lorsque vous travaillez votre position et votre geste.

LES PRESSIONS OU SENSATIONS TACTILES

Si l'équilibre du corps est important pour être performant en tir à l'arc, la répartition de la force entre la main de corde et la main d'arc doit elle aussi être égale.

- La pression du grip de l'arc par la main d'arc : elle doit toujours être la même et se situer bien dans la paume de la main.
- La prise de corde : elle doit être répartie de manière égale sur les trois doigts qui tiennent la corde, l'index, le majeur, l'annulaire. Essayez d'être détendu au maximum ; moins vous serez crispé, mieux vous lâcherez les flèches.

LA SENSATION AU SOL

Plus vous aurez la sensation de l'aplomb à la verticale du corps, plus vous aurez des appuis stables. Vous trouverez cette sensation de verticalité et éprouverez une sensation de grandissement lors du préarmement.

L'ANCRAGE

Il s'agit de repères tactiles de votre main de corde sur votre visage.
Le point d'ancrage est variable selon la morphologie de chaque archer.
Pour plus de régularité, il doit obligatoirement être en contact avec le maxillaire et la corde doit elle aussi être en contact avec le nez et le menton.

- Lors de la traction de la corde vous faites intervenir des muscles, tendons et articulations bien précis.

Vous devez prêter attention :

- au placement des deux épaules (articulations des épaules),
- au placement de la tête (cervicales et colonne vertébrale),
- au placement du bassin (en le fixant bien),
- au niveau musculaire, contrairement à ce que l'on pourrait penser, ce sont les muscles du dos qui travaillent plus que ceux des bras.
- La continuité du geste : du préarmement jusqu'au lâcher, la traction de la corde doit s'effectuer dans un geste continu. Les prises de repères tactiles ne doivent pas provoquer d'arrêt.

LE LÂCHER

C'est ce qui demande le plus de sensations à un archer, il doit être :

- dynamique et souple à la fois,
- continu et régulier,
- sa trajectoire est dirigée vers l'arrière et s'achève toujours sur un point fixe,
- il exige une ouverture rapide des doigts en continuité avec la traction de la corde.

Le tir d'une flèche ne s'achève pas après l'ouverture des doigts mais seulement à la fin du lâcher.

- Le maintien du bras d'arc pendant le lâcher. Il est primordial d'avoir un bras d'arc d'acier au moment du lâcher. S'il tombe ou s'il a tendance à partir latéralement, cela ne pardonnera pas.

LA VISÉE, UN REPÈRE VISUEL

La visée doit évidemment être stable et précise, mais elle passe après la continuité du geste.

Pour résumer :
- Si vous possédez des alignements corrects
- Si vous êtes bien stable dans votre tir
- Si vos sensations sont fines
- Si vos repères sont réguliers
- Si votre séquence de tir est continue
- Si votre lâcher est souple et dynamique,

alors vous avez de fortes chances de progresser et de devenir rapidement performant.

LES SYSTÈMES DE VISÉE

Selon la technique de tir et le système de visée employés, la trajectoire de la flèche est différente.

VISÉE APACHE

C'est une visée où l'on aligne œil, flèche et cible.
Ce tir ne peut être précis qu'à des distances très courtes, où le point de visée se confond avec l'objectif à atteindre.
C'est la technique de visée la plus immédiate ; elle constitue un outil intéressant dans l'apprentissage du tir à l'arc.

VISÉE MONGOLE

Dans ce type de visée, l'archer aligne l'œil, la pointe de flèche et la cible. Il manque donc un point de référence visuel que le tireur remplace par un placement précis de la main de corde, donc de l'arrière de la flèche. L'alignement de la corde facilite cette mise en place.

VISÉE SUÉDOISE

Dans ce système de visée, l'archer ne prend plus aucune référence visuelle sur la flèche. Il construit un quadrilatère qui est schématisé ci-contre.
La distance viseur-pointe de flèche (A) est parfaitement déterminée par le réglage du viseur.
La distance œil-encoche (B) est d'autant plus constante que les repères arrière du tireur sont précis.

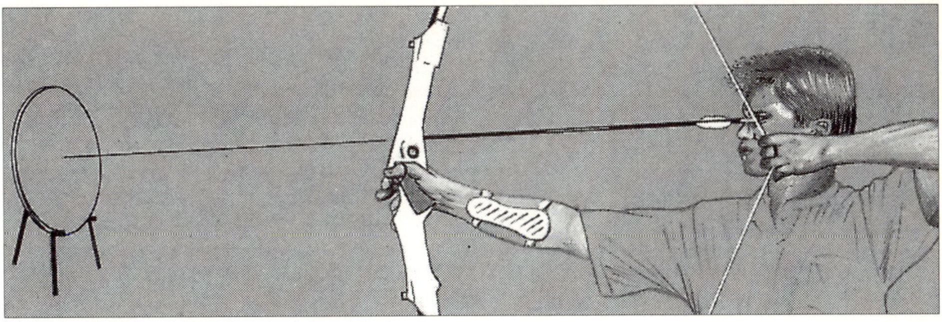

Visée apache

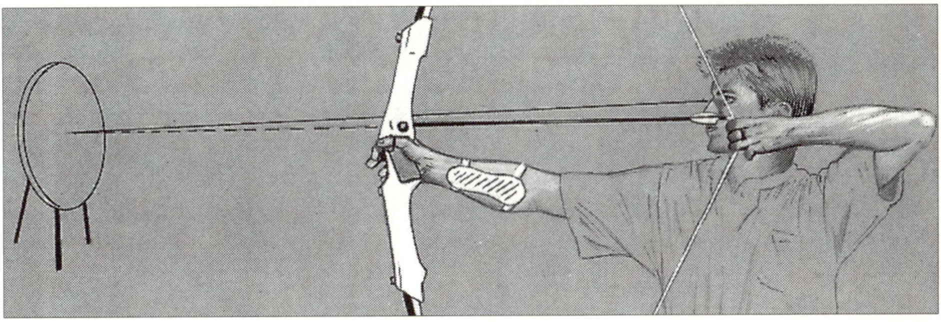

Visée mongole

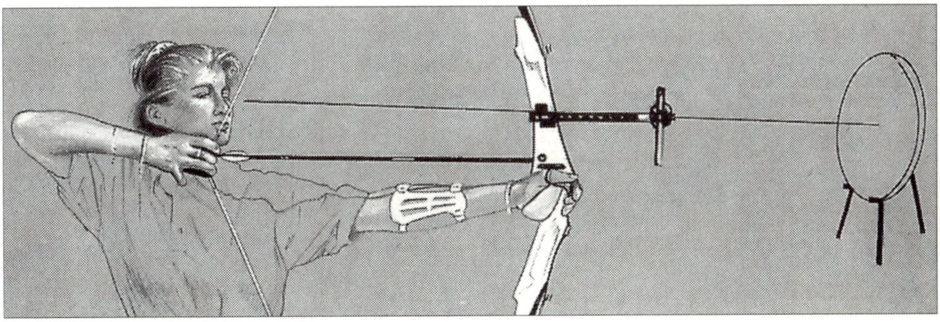

Visée suédoise

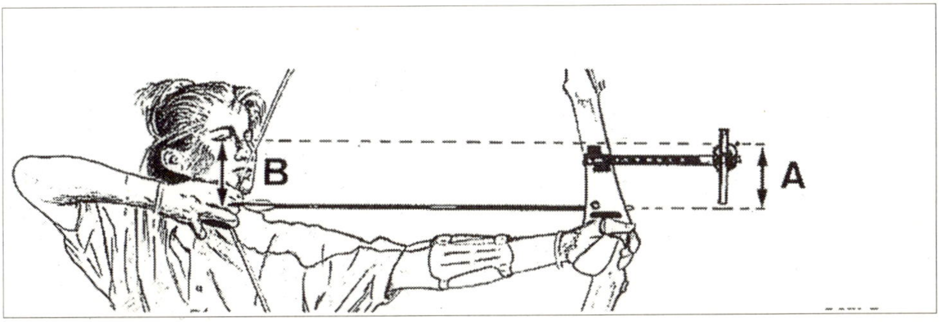

Visée suédoise

La prise de traits

Pour les archers qui utilisent un viseur, les traits servent de repères pour le placement du viseur à chaque distance de compétition.

POUR LE TIR CIBLE : FITA, FÉDÉRAL, EN SALLE

Placez-vous à chacune des distances de compétition et bougez votre viseur chaque fois après avoir noté dessus la distance avec un crayon imperméable à la pluie.
Évitez de noter vos réglages sur une feuille de papier que vous laissez dans votre valise.

POUR LE TIR EN CAMPAGNE

Le réglage est d'autant plus difficile à obtenir en tir en campagne que les spots (zone centrale de la cible) sont petits. La finesse des réglages est importante car les situations de tir varient chaque fois et mieux vaut attaquer directement avec le bon réglage.
Les réglages se font :

- entre 5 et 50 m pour la catégorie bare-bow,
- entre 10 et 60 m pour la catégorie tir libre.

La prise de traits. Traits fins : traits de field. Traits épais : traits de FITA.

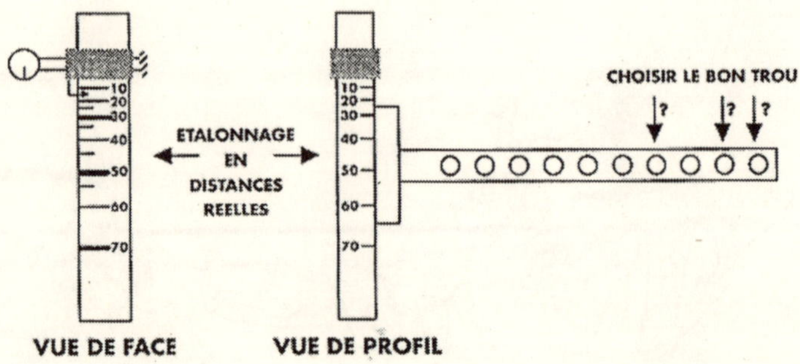

COMMENT PROCÈDE CAROLE FERRIOU ?

- Je mets sur la réglette du viseur une bande autocollante de papier blanc.
- Je fais des traits de 10 à 60 m tous les 5 m en confirmant chaque réglage par au moins 3 flèches groupées en prenant bien soin de respecter les tailles de blason que je rencontre aux distances connues et aux distances inconnues.

Par exemple : 25 m sur blason de 40 cm et non sur blason de 20 cm que je ne rencontrerai jamais.

- Après avoir marqué tous mes traits sur le viseur, je fais des traits propres et fins en notant la distance juste au-dessus. Enfin, je recouvre ma bande de papier d'un scotch transparent pour la protéger en cas d'humidité ou d'intempéries.
- Pour moi qui pratique à la fois tir cible et tir en campagne, je distingue mes traits en adoptant une couleur de crayon pour chaque discipline.
- Je commence par les distances comprises entre 20 et 30 m, puis entre 10 et 20 m et enfin entre 30 et 60 m.

Conseils pour évaluer la distance en tir en campagne

EN TIR EN CAMPAGNE, L'ÉVALUATION DE LA DISTANCE EST PRIMORDIALE. À QUALITÉ ÉGALE DE TIR, C'EST LA QUALITÉ DE L'ÉVALUATION QUI FAIT LA DIFFÉRENCE. LES MEILLEURS FIELDISTES SONT SOUVENT MEILLEURS SUR LES INCONNUES QUE SUR LES CONNUES.

LES REPÈRES INTERNES

RECONNAÎTRE LE BLASON

Savoir reconnaître les blasons de tir en campagne peut être une indication d'importance lorsque vous avez de la difficulté à évaluer la distance :

TIR EN CAMPAGNE

Comment aborder une cible en tir de campagne.

1. Arrivée à la cible vision première, courte en montée, sa tendance tir à gauche 20 et 25 cm.
2. Évaluer les problèmes techniques pouvant se poser (je risque d'être trop haut viseur à 23 m).
3. Arc bien à la verticale.
4. Tir de la première flèche.
5. Réaction trop haut.
6. Tir des deux autres flèches.
7. À la cible marquage des impacts de flèches et des points.
8. En repartant, mémoriser la cible pour savoir ce qui reste à tirer.
9. Vous avez à tout moment la possibilité d'utiliser vos jumelles.

- facile entre 10 et 15 m :
- facile entre 15 et 25 m :
- plus difficile, car ce type de blason peut intervenir dans deux tranches de distances, 20 à 35 m et 35 à 55 m.

Le cerclage : entraînez-vous à reconnaître la représentation de votre viseur sur la cible en pleine allonge, cela vous aidera à savoir à quelle distance est la cible. Pour être fiable, la technique du cerclage doit être très bien maîtrisée, sinon elle vous induira souvent en erreur.

Carole Ferriou : « J'utilise peu le cerclage dans ma démarche d'évaluation, car elle m'a joué plusieurs fois de mauvais tours ».

La première impression est toujours la bonne : c'est là que vous allez juger si la cible est longue ou courte, en fonction de la distance que vous évaluez et du blason qui se présente à vous. L'évaluation au sol est assez fiable, dès lors que vous vous êtes fixé des distances de référence et que vous les reportez au sol. Vous pouvez aussi utiliser le relief en prenant par exemple pour point de repère les arbres se trouvant à proximité de la cible. Le feeling est l'évaluation la plus fiable pour les archers expérimentés.

LES REPÈRES EXTERNES

Vous pouvez écouter voler la flèche de votre partenaire et regarder les impacts en cible, mais ne vous y fiez pas trop, car cela est très aléatoire suivant vos partenaires de peloton.

L'évaluation au sol : utilisez le relief en prenant des repères dans la végétation tous les 5 ou 10 m.

Entraînement

La préparation physique

L'HIVER

Préparation physique générale :
Elle est relativement légère : deux footings de trente-cinq minutes par semaine et du stretching le plus souvent possible, devant la télé, sous la douche… (voir les exercices dans l'Échauffement).
Musculation spécifique : je la pratique en salle de musculation ainsi que lors des entraînements de tir à l'arc. Deux séances hebdomadaires d'une heure sont fortement conseillées. Il faut, pour pratiquer le tir à l'arc, posséder une condition physique irréprochable : c'est un sport !
La technique de tir exige des appuis très stables. Le travail de musculation se concentre principalement sur :
- le dos : rhomboïde, trapèze, grand dorsal,
- les épaules : deltoïdes,
- la ceinture abdominale,
- les bras : essentiellement les triceps,
- les jambes : ischio-jambiers et fessiers.

LA MUSCULATION GÉNÉRALE

Elle permet un bon équilibre corporel et vous aidera à conserver vos appuis et votre posture. Voici quelques exercices recommandés.

- **Grands droits de l'abdomen**
  Dos sur un banc, mains se tenant au banc, montez les jambes jointes et tendues sur la poitrine puis redescendez lentement. Variante : mettez des bracelets lestés aux chevilles.
- **Grands droits et obliques de l'abdomen**
  Couché sur un banc incliné, les jambes fléchies retenues du côté le plus élevé, mains à la nuque.
  Redressez-vous énergiquement avec, pour terminer, une rotation du buste à droite. Recouchez-vous lentement et recommencez la même chose avec une rotation du buste à gauche.
- **Spinaux**
  Les jambes et les hanches sur un banc, le buste dans le vide, bras fléchis à la nuque, descendez puis remontez le buste le plus haut possible.

- **Abdominaux**
  À genoux au sol. Inspirez à fond et bloquez la respiration en creusant le ventre au maximum. Expirez complètement en conservant le ventre creux et relâchez-le. Allongé sur le sol, bras dans le prolongement du corps qui tiennent une barre d'haltérophilie ce qui permet d'avoir un point d'appui. Montez les jambes jointes et tendues à la verticale puis descendez-les vers le sol à droite puis à gauche. Variante : ne touchez pas le sol avec les pieds et restez en équilibre. Allongé sur le sol, venez toucher les pieds avec les mains en gardant jambes et bras tendus.
- **Ischio-jambiers, fessiers**
  Couché ventral sur un banc, mains se tenant de chaque côté du banc, jambes à l'extérieur, haltères pédestres à chaque pied, jambes tendues, effectuez des battements verticaux en augmentant peu à peu la charge des haltères.

LA MUSCULATION SPÉCIFIQUE

Elle s'appliquera à un travail des muscles du dos et des épaules qui sont très sollicités par l'effet de traction répulsion contenu dans le geste de tir.
Spécifique tir à l'arc :
Je fais régulièrement des séances en travaillant :
- avec un arc plus lourd pour solidifier mon bras d'arc,
- avec un arc plus fort pour augmenter mon temps de tenue et ma résistance.

L'ÉTÉ

C'est la saison des compétitions de tir en campagne et de tir olympique, et c'est là qu'il faut être en superforme physique. Arrêtez les exercices de musculation spécifique et augmentez les volumes de flèches à l'entraînement, ainsi que le nombre et la durée des footings.
Ne jamais arrêter le stretching.
En résumé : l'hiver, consacrez-vous plus spécifiquement au physique et aux volumes de flèches, l'été étant réservé au qualitatif et à la recherche de performance.
Dans votre préparation, nous ne saurions trop vous recommander d'aller à votre rythme et d'augmenter très progressivement votre volume d'entraînement aussi bien général que spécifique. Fixez-vous des objectifs réels et ne vous laissez pas influencer par votre entourage sur le pas de tir.
Pour faire le point, faites régulièrement des tests, des évaluations.

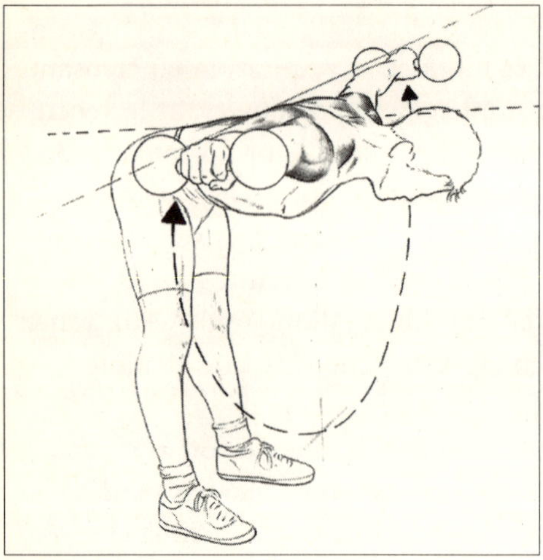

Muscles du dos.
Spinaux, trapèzes deltoïdes, rhomboïdes :
debout, jambes tendues et écartées, dos incliné à 90° par rapport aux jambes, petit haltère dans chaque main, reins creux. Soulevez, bras tendus latéralement jusqu'à l'horizontale puis redescendez lentement.

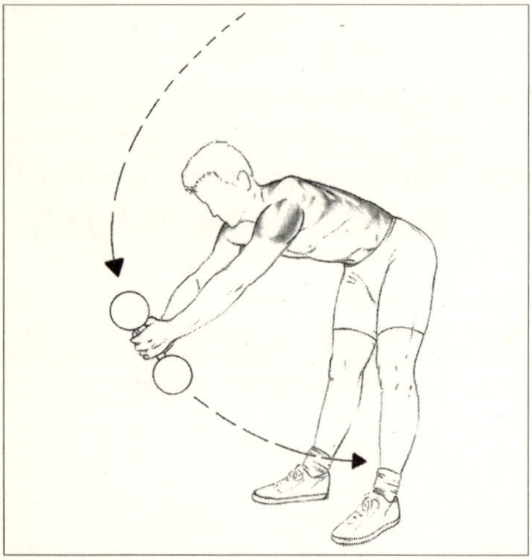

Muscles du dos.
Spinaux, deltoïdes :
jambes écartées et tendues, bassin fixe, haltère tenu à deux mains au-dessus de la tête. Laissez descendre l'haltère entre les jambes, bras tendus en contrôlant le mouvement.

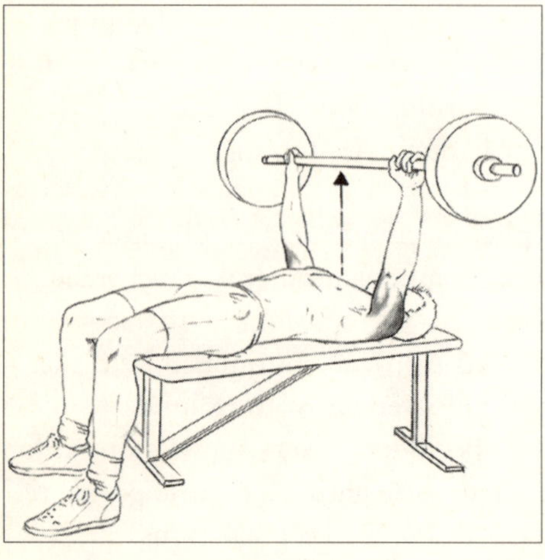

Muscles des épaules.
Deltoïdes, triceps :
allongé sur un banc, pieds au sol, prise de barre à largeur d'épaules. Descendez lentement la barre sur la poitrine et remontez-la énergiquement bras tendus. Cet exercice entraîne un travail plus important du pectoral antérieur.

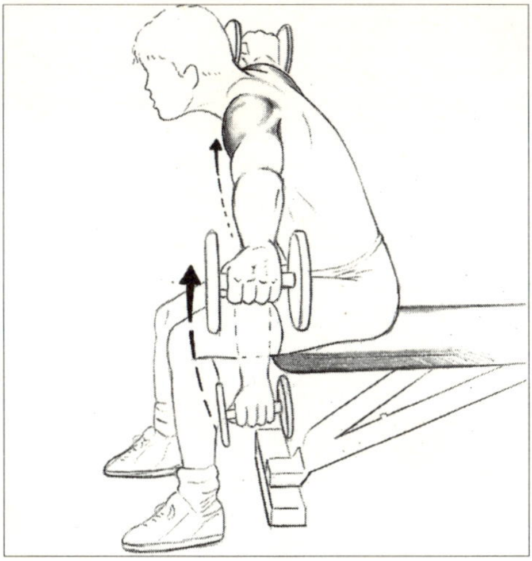

Muscles des épaules.
Deltoïdes :
assis sur un banc, dos et bassin fixes, petits haltères dans chaque main. Levez les bras tendus sur les côtés jusqu'à la verticale puis revenez doucement à la position de départ. Variante : marquez un temps d'arrêt en position bras horizontaux lors de la descente en position de départ.

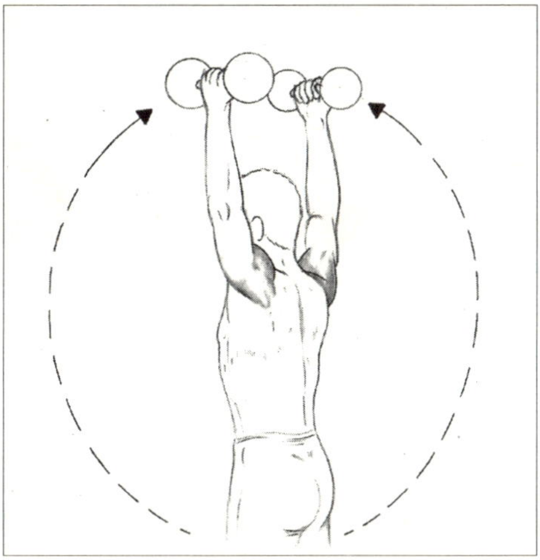

Muscles des épaules.
Deltoïdes :
debout, jambes légèrement écartées, petits haltères dans chaque main, position de départ bras tendus le long du corps. Montez les bras tendus en décrivant un arc de cercle jusqu'à la position bras tendus au-dessus de la tête, haltères réunis.

Muscles des épaules.
Dorsaux deltoïdes trapèzes :
allongé sur le ventre, petits haltères dans chaque main. Levez les bras tendus à l'horizontale puis redescendez doucement à la position de départ.

L'échauffement

Même si le tir à l'arc ne semble pas être un sport très physique, il ne faut à aucun prix négliger l'échauffement. On remarque que la plupart des archers y attachent une grande importance, qu'ils soient débutants ou archers de haut niveau.
L'échauffement permet un réveil musculaire et neuromusculaire de l'ensemble du corps. Pour n'oublier aucune partie, on peut procéder par ordre chronologique en partant de la tête jusqu'aux pieds en faisant suivre l'échauffement de chaque partie d'étirements. L'échauffement doit être progressif et préparer l'organisme à l'effort.
Le tir à l'arc est un sport où la concentration doit être présente du début à la fin de la compétition.
La mise en place de cette concentration dépend directement d'un échauffement physique et mental adapté à la recherche de sensations d'équilibre à la fois statique et dynamique, liées à la posture et aux gestes techniques répétitifs du tireur.

QU'APPORTE L'ÉCHAUFFEMENT ?

Principalement des effets physiologiques :
- Il permet une amplitude optimale du mouvement.
- Il améliore la contraction musculaire.
- Il augmente les substrats énergétiques.
- Il permet un ajustement neuromusculaire et proprioceptif optimal.
- Il retarde les effets de fatigue.
- Il joue un rôle préventif dans les accidents musculaires.
- Il améliore la répétition du geste.

L'ÉCHAUFFEMENT SANS ARC

Un bon échauffement dure environ dix minutes et comprend :
- des rotations du cou, des épaules, du bassin, des genoux, des chevilles, des poignets,
- des lancers de bras,
- des assouplissements de la ceinture abdominale et lombaire,
- des étirements en stretching de ces mêmes parties du corps.

LA ROTATION DES ÉPAULES

Position : écartez les pieds de la largeur du bassin.
Exercice : circombductions avant et arrière des épaules une par une, puis les deux en même temps. Créez un cercle dans le plan sagittal en passant par quatre points : le plus en avant, le plus en arrière, le plus haut et le plus bas.

LANCER LES BRAS VERS LE HAUT

Position : pieds serrés.
Exercice : lancez les deux bras en même temps le plus haut possible, quand le point le plus haut est atteint, mettez-vous sur la pointe des pieds et revenez à la position de départ les bras le long du corps.

ROTATIONS LATÉRALES DU BUSTE

Position : pieds écartés de la largeur du bassin, bras à l'horizontale de chaque côté.
Exercice : faites tourner le buste sur les hanches, celles-ci restant fixes. Les bras peuvent être pliés ou allongés.

ROTATIONS DE LA TÊTE

Exercice : assouplissement cervical en faisant tourner la tête de gauche à droite puis inversement en décrivant un cercle.

INCLINAISONS DE LA TÊTE

Exercice : inclinez la tête de droite à gauche latéralement.

ROTATIONS DES POIGNETS

Exercice : prenez les mains l'une dans l'autre accrochées par les doigts et effectuez des rotations à droite puis à gauche.

ASSOUPLISSEMENTS DE LA CEINTURE ABDOMINALE ET LOMBAIRE

Position : pieds écartés de la largeur du bassin, mains posées sur les hanches.
Exercice : effectuez des rotations du bassin à droite et à gauche en passant par les quatre points extrêmes : devant, derrière, à droite, à gauche. Répétez le même exercice avec le buste en fixant bien le bassin.

FLEXIONS LATÉRALES ET FRONTALES DU TRONC

Position : pieds écartés de la largeur du bassin.
Exercice : penchez-vous en avant en relâchant au maximum et sans donner d'à-coups. Répétez le même exercice latéralement à droite puis à gauche. Pour le côté droit : tendez le bras droit vers le bas et aidez-vous du bras gauche en l'amenant le plus près possible du bras droit.

ROTATIONS DES CHEVILLES

Exercice : posez la pointe du pied à terre et tournez autour de cet axe avec la cheville vers la droite, puis vers la gauche pour chaque cheville.
Tous ces exercices sont à effectuer par séries de 5, en douceur et sans forcer, en privilégiant l'amplitude plutôt que la vitesse.

L'ÉCHAUFFEMENT SPÉCIFIQUE AU TIR À L'ARC

Avec un élastique d'échauffement ou une chambre à air reproduisez exactement le geste de tir une dizaine de fois en restant en tension quelques secondes, puis relâchez.
Dans cet exercice, recherchez surtout la mise en place musculaire de la tension.

LES ÉTIREMENTS OU LE STRETCHING

Un étirement doit être soutenu mais détendu, l'attention concentrée sur les muscles que l'on fait travailler. Vous ne devez pas ressentir de douleur. Bien exécuté, un étirement donnera à un mouvement une aisance naturelle. Pour un étirement simple, consacrez dix à trente secondes (en comptant les secondes au début) sans forcer.
Pour un étirement complet, bougez millimètre par millimètre, dès que vous sentez une légère tension, gardez la position dix à trente secondes.
Dans les exercices d'étirements, la respiration doit être lente, bien rythmée et contrôlée.

ÉTIREMENT		
← Étirement simple →	← Étirement complet →	← Étirement violent →
(à faire pendant 10 à 30 secondes)	(30 secondes et plus)	(à éviter absolument)

ÉTIREMENTS TRÈS PROGRESSIFS DES BRAS ET DES ÉPAULES

Position : pieds écartés de la largeur du bassin, buste droit, regard fixé devant soi.

Exercice : étirements des épaules et des triceps :

- Passez le coude (et le bras) derrière la tête et, avec l'autre main, appuyez progressivement sur le coude vers le bas très lentement.

Cibles : blasons tuspots pour le tir en salle, chaque spot reçoit une flèche. En salle, la ciblerie la plus utilisée est le stramit (paille compressée) dont la surface est très régulière.

Blasons FITA pour le tir en extérieur décliné en plusieurs tailles selon la distance. La ciblerie ronde en paille est souvent utilisée en extérieur.

Carole Ferriou apprécie le contact avec la nature dans sa spécialité le tir en campagne.

Tir olympique ou tir en campagne, concentration et maîtrise de soi sont incontournables. Repérez le placement des doigts.

Les deux visages du tir en campagne. Calme et solitude à l'entraînement, beaucoup de public autour des archers en compétition comme ici en finale par équipe des championnats du monde. Carole a une grande capacité dans l'évaluation des distances.

Dans la chaleur des Jeux méditerranéens, Carole Ferriou décroche le bronze !

L'arbitre a toujours une loupe pour juger les cordons litigieux. Avec les formules de duels, les scores sont de plus en plus serrés et un point est souvent décisif.

Même dans des conditions plus difficiles rester concentré et garder le même rythme de tir. Portez des vêtements près du corps.

L'effet Flute : un engouement formidable chez les jeunes.

Une technique simple, une grande détermination, des nerfs d'acier et une grande motivation dans les grands rendez-vous, telles sont les qualités de Sébastien Flute.

HISTOIRE D'UNE MÉDAILLE D'OR OLYMPIQUE. La finale de Barcelone. Sébastien Flute, le Français gaucher et, ci-dessus, Joe Hun Chung, le Coréen droitier, ont livré un spectacle palpitant.

Sébastien Flute.

Leopard

Flute fait craquer son adversaire, son bras ne tremble pas à la dernière flèche c'est un 9. Il est champion olympique et lève le bras en signe de victoire.

Sébastien Flute est porté en triomphe par Marc Saunier, le kiné de l'équipe de France (à gauche) et par Mikaël Nayrole, son entraîneur (à droite).

Sébastien Flute.

Sur le podium l'émotion est très forte pour un champion de 20 ans.

Kim Su Nyung, la Coréenne du Sud a envoûté le tir à l'arc mondial par sa classe et par sa grâce. À Séoul les Coréens lui ont dédié un stade de tir à l'arc.

- Prenez le cou de l'autre bras placé à hauteur des yeux et appuyer progressivement vers la poitrine.

ÉTIREMENT DU COU

Position : pieds écartés de la largeur du bassin, droit, la tête dans l'axe.
Exercices :
- Inclinez la tête à droite et faites-la descendre le plus bas possible petit à petit. Attention de ne pas monter les épaules, seul le cou travaille. Répétez le même exercice du côté gauche.
- Passez le bras gauche plié à 90° dans le dos. Avec l'autre main, tirez sur ce bras vers la droite tout en inclinant la tête vers la droite.

Répétez le même exercice avec le bras droit du côté gauche.

ÉTIREMENT DES AVANT-BRAS

Exercice : tendez le bras devant vous.
Fléchissez le poignet à 90° avec la paume de main vers l'avant et le bout des doigts vers le haut.
Avec l'autre main, appuyez progressivement vers l'arrière sur le bout des doigts. Même exercice pour chaque main.

ÉTIREMENT DE TOUT L'AXE HORIZONTAL

Exercice : tendez les bras latéralement à 90°. Fléchissez les poignets à 90°, les paumes de main tournées vers l'extérieur.
Poussez sur le côté comme si vous vouliez pousser un mur de chaque côté puis relâchez.

ÉTIREMENT DU DOS

Position : debout pieds écartés de la largeur du bassin, bien droit.
Exercice :
- Tendez les deux bras vers le haut, accrochés par les mains. Tournez les paumes des mains vers le ciel et poussez vers le haut progressivement comme si vous vouliez pousser le ciel relâchez.
- Prenez les deux mains accrochées les bras dans le dos. Effectuez une flexion du buste sur les jambes tout en levant les bras vers le haut progressivement remontez le buste progressivement.

ÉTIREMENT LATÉRAL

Exercice : penchez-vous sur le côté droit en allongeant le bras droit vers le bas. En même temps, levez le bras gauche et essayez de le rapprocher le plus possible du bras droit. Même exercice du côté gauche. Pour finir, touchez les pieds avec les mains en fléchissant le buste sur les jambes raides.
Descendez progressivement en relâchant toute la partie haute du corps.

L'ÉCHAUFFEMENT AVEC ARC

Essayez de ne pas rentrer tout de suite dans le vif du sujet, que ce soit pour une séance d'entraînement ou dans le cadre d'une compétition.
Tirez quelques volées sur la paille sans viser, pour vérifier que tous vos muscles sont bien échauffés et pour retrouver vos sensations.
Tirez ensuite trois volées test pour vous permettre de rentrer immédiatement dans la compétition

Arrêtez l'échauffement un quart d'heure avant le début de la compétition pour prendre le temps d'arriver à votre cible et de vérifier qu'il ne vous manque rien.
Augmentez le temps d'échauffement s'il fait froid.
Si le tir est interrompu pendant plus d'une heure, échauffez-vous de nouveau.

LE MATIN SURTOUT AVANT LES COMPÉTITIONS. CINQ MINUTES

Dès le lever, quelques étirements libéreront votre corps de l'engourdissement d'une nuit de sommeil. Faites votre stretching sans hâte, bien à votre aise. Il soulagera les muscles trop raides ou contractés. Une douche chaude prise au préalable peut être utile pour la mise en train.

LA TENSION DU DOS APRÈS LES COMPÉTITIONS LE SOIR. CINQ MINUTES

Ces étirements soulageront les muscles du bas et du haut du dos, ceux des épaules et du cou. Afin d'obtenir des résultats optimaux, pratiquez-les chaque soir avant de vous coucher. Travaillez seulement les positions que vous sentez bien. Ne forcez pas.

Le matin

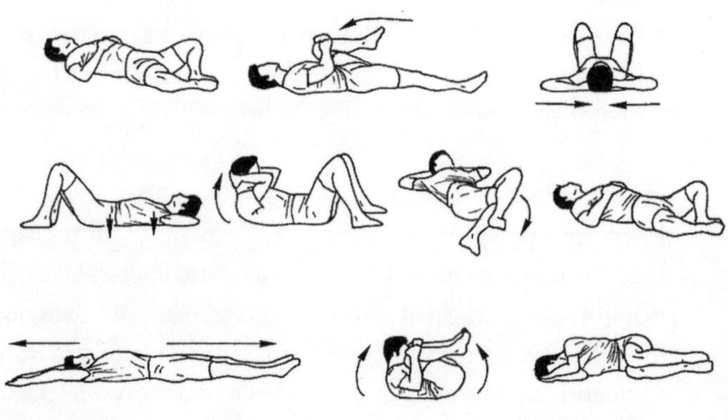

Le soir

Blessures et bobos

NORMALEMENT, VOUS NE RISQUEZ PAS DE VOUS FAIRE UNE FRACTURE AU TIR À L'ARC. LES ACCIDENTS SONT PLUS FRÉQUEMMENT MUSCULAIRES ET TENDINEUX.

LES TENDINITES

Elles surviennent généralement dans les périodes d'entraînement intense ou en raison d'un échauffement insuffisant (lire le chapitre sur l'Échauffement p. 94).

Les tendons les plus sollicités sont les fléchisseurs. L'apparition de tendinites dans les doigts se prolonge fréquemment dans le coude.

Comment y remédier : si vous pouvez encore tirer, diminuez la puissance de votre arc, le volume de flèches tirées et le nombre d'entraînements.

En cas de persistance, mieux vaut arrêter au minimum quinze jours et aller voir un kinésithérapeute.

LES DOIGTS

Ils sont très sollicités au tir à l'arc et il faut en prendre grand soin.

Je les protège lors de gros entraînements avec du Coheban (il en existe de différentes couleurs et il est vendu en pharmacie).

LA CORNE

Enlevez-la régulièrement en la ponçant et appliquez des pommades assouplissantes avec des massages.

Il est important d'éviter les ampoules, mieux vaut prévenir que guérir. Comment ? Veillez à avoir une palette en bon état et ne prenez pas de bain (baignoire, piscine ou mer) avant une compétition.

LE FROID ET LE CHAUD

- Si vous tirez par temps froid, mettez des moufles dès que vous avez envoyé vos flèches.
- Sous le soleil, utilisez un brumisateur ou une « bombe réfrigérante ».

Diététique

Si au tir à l'arc on ne dépense pas autant d'énergie qu'au tennis ou au football, il faut savoir se nourrir convenablement aussi bien à l'entraînement qu'en compétition.
Il n'y a pas de régime strict à observer, le poids n'influence pas la performance. Cependant, mieux vaut se sentir bien dans sa peau et se nourrir de manière équilibrée. On s'aperçoit que de plus en plus les archers performants à haut niveau sont de véritables athlètes à la silhouette longiligne.

COMMENT SE NOURRIR PENDANT LE TIR ?

- Mangez équilibré,
- Prévoyez de petits en-cas,
- Buvez beaucoup d'eau.

Lors des entraînements longs en temps, supérieurs à deux heures et demie et importants en volume de flèches (plus de 150 flèches), il faut s'alimenter.

- Prévoyez de petits en-cas : sucre, eau, fruits qui sont d'assimilation rapide. En revanche, éviter les sandwiches et les gâteaux qui sont longs à digérer.
- Comme dans toutes les disciplines sportives, il est important de boire beaucoup, pour réduire la fatigue musculaire et permettre une meilleure récupération.

Progresser

En préambule à ce chapitre sur l'entraînement et sur sa planification, il est important de savoir ce que représentent les volumes de flèches suivants :
- moins de 100 flèches est un petit volume de flèches,
- de 100 à 150 flèches est un volume de flèches moyen,
- plus de 150 flèches est un gros volume de flèches.

TRAVAILLER SA POSITION ET SA TECHNIQUE DE TIR

Si votre objectif en compétition se situe dans le cours de la saison extérieure, mieux vaut travailler votre position en hiver.
Travailler sa position est un exercice contraignant et fatigant, c'est pourquoi il faut le faire sur de petites séries de flèches (100 au maximum) et sur une période assez courte, limitée à un mois.
Si vous travaillez sérieusement, cela doit être suffisant.

COMMENT PROCÉDER ?

- Mettez-vous dans une situation de tir facile qui ne demande pas une grande attention :
  pas de blason ou un grand visuel,
  tirez à une distance courte, pas à plus de 20 m.
- Axez votre travail sur un seul point technique qui doit rester l'unique objectif durant l'exercice.
  Par exemple : le bras d'arc, le lâcher.
- Oubliez la notion de résultat qui, dans cette situation, importe peu.

MÉCANISER SON GESTE POUR AUGMENTER SA RÉGULARITÉ

La mécanisation du geste est capitale en tir à l'arc. Elle doit vous permettre d'acquérir de la régularité et de la confiance.
Pour évaluer le travail technique que vous avez fourni, vous procéderez à des tirs comptés en augmentant progressivement la difficulté, surtout si vous êtes un archer encore peu expérimenté, afin de ne pas vous décourager.

Pour parvenir à réellement mécaniser votre geste de tir, il faut faire preuve de volonté et de ténacité, et savoir accepter l'échec... Il peut parfois sembler plus facile de reprendre un ancien défaut, par habitude pour faire plus de points, plutôt que d'essayer d'assimiler la mécanisation du geste avec de nouveaux points techniques.

MONTER LA PUISSANCE DE SON ARC

Pour améliorer les scores réalisés aux longues distances, la puissance de l'arc peut jouer un rôle important ; cependant, le fait de tirer avec un arc puissant ne doit pas être une finalité. L'augmentation de la puissance de l'arc doit être très progressive, de 2 livres en 2 livres et de préférence l'hiver.

Pour ne pas être obligé de changer de branches trop souvent, il est conseillé de prendre un arc avec puissance réglable.

Chez les hommes, les archers de haut niveau atteignent des puissances de 48 livres avec un arc classique, la moyenne se situant entre 42 et 45 livres. Chez les femmes, certaines tirent des puissances élevées, jusqu'à 42 livres, la moyenne est de 35 à 40 livres.

LA PUISSANCE DE L'ARC CHEZ LE JEUNE

La puissance de l'arc n'est pas en relation directe avec la morphologie du tireur, sauf pour les enfants.

Pour ce qui les concerne, il est plus prudent de n'augmenter la puissance de l'arc que si la croissance évolue, cela pour éviter les accidents.

On a vu des minimes tirer pendant une ou deux saisons des arcs de 42 livres et être contraints deux ou trois ans plus tard de stopper brutalement leur carrière pour subir des opérations suite à des problèmes musculaires et tendineux.

Le passage trop rapide à une puissance élevée chez l'enfant est souvent un facteur de déséquilibre dans le développement du buste.

En bref : mieux vaut parfaitement maîtriser un arc de 40 livres sur 300 flèches que d'être à l'agonie après avoir tiré 60 flèches avec un arc de 45 livres.

Planification de l'entraînement

Avant de planifier son entraînement, il faut d'abord se fixer des objectifs qui doivent rester en rapport avec son niveau et avec ses possibilités d'entraînement.
Pour traiter ce sujet, nous partirons de deux cas de figure ; le premier s'adresse à des archers qui possèdent déjà un niveau élevé et qui s'entraînent beaucoup, c'est-à-dire plus de six heures hebdomadaires, le second exemple est quant à lui destiné à des archers qui souhaitent progresser et qui tirent deux ou trois fois par semaine, soit un total de quatre à six heures hebdomadaires.

COMBIEN DE FLÈCHES ET QUELLE DURÉE POUR VOS SÉANCES

Pour revenir au volume de flèches que vous pouvez envisager de tirer lors d'un entraînement, notez que :
• Si vous êtes un archer loisir vous tirerez entre 50 et 100 flèches par séance de quarante-cinq minutes à une heure et demie.
• Si vous êtes déjà un compétiteur vous tirerez entre 100 et 150 flèches par séance de une à deux heures.
• Si vous êtes un archer de haut niveau ou un fou de l'entraînement, vous tirerez plus de 150 flèches par séance de plus de deux heures.

PREMIER EXEMPLE

Votre objectif est de vous qualifier aux championnats de France salle et FITA, par Sébastien Flute.

1. Vous devez connaître les étapes à franchir pour y parvenir :
• réaliser les scores plancher de qualification de votre catégorie,
• disputer le championnat régional dans chacune des disciplines.
2. Votre but doit être d'arriver à votre meilleur niveau au moment du rendez-vous important.
3. Votre saison va être divisée en deux grandes parties :
• septembre à mi-février : saison en salle,
• mars à septembre : saison en plein air.

COMMENT GÉRER VOTRE ANNÉE DE TIR À L'ARC ?

Voici des indications qui vous aideront à répartir votre travail de préparation tout au long de l'année en fonction de vos objectifs.

- **De septembre à mi-novembre** : c'est la période consacrée au travail de fond. Une ou deux séances de musculation par semaine et un travail spécifique avec un arc plus puissant et un arc plus lourd.
  Au cours des séances de musculation, travaillez plus particulièrement les lombaires, les abdominaux, la ceinture scapulaire, les bras et les avant-bras Faites de temps à autre une séance d'évaluation pour mesurer l'évolution de vos performances.
- **De mi-novembre à fin décembre** : planifiez les séances durant lesquelles vous tirerez beaucoup de flèches en début de semaine, pour réserver la fin de la semaine à des exercices plus qualitatifs (tir sur blason, tirs comptés) surtout si vous disputez une compétition le week-end qui suit.
- **De janvier au championnat de France en salle fin février** : devenez de plus en plus qualitatif, supprimez les séances très physiques pour être prêt le jour J.
- **Après le championnat de France en salle** : accordez-vous deux ou trois jours de repos et commencez, si les conditions le permettent, à tirer dehors. Si cela n'est pas possible, continuez à tirer en salle au moins à 30 m. Toute votre préparation est désormais axée sur le tir en extérieur.
- **De mars à mi-avril** : c'est une période très importante durant laquelle vous avez besoin de vous refamiliariser avec les éléments extérieurs (soleil, vent, pluie). Pour une préparation sérieuse, ne remettez pas votre entraînement à plus tard parce qu'il pleut ou qu'il y a du vent, cela fait partie du tir, et lorsque vous rencontrerez des conditions semblables en compétition, vous serez heureux de vous y être préparé.
- **Quels exercices** : privilégiez le tir aux longues distances par volées de 10 à 12 flèches, en faisant une pause au milieu, afin d'éviter les aller et retour aux cibles inutiles. Le tir à 30 m étant très proche du tir à 25 m, n'en abusez pas et réservez-le pour la fin de la séance.Si vous rencontrez des problèmes de rythme ou de continuité dans votre geste, n'hésitez pas à effectuer des séances sur la paille.
- **De mi-avril à juin** : c'est la période des compétitions qualificatives au championnat de France de tir olympique. Notez qu'à partir de 1995 la qualification au championnat de France de tir olympique, s'effectuera d'après le classement national établi par la Fédération et que ainsi seul un nombre limité d'archer dans chaque catégorie seront admis à participer. Procédez comme en salle : des séances importantes en volume de flèches en début de semaine et du tir qualitatif en fin de semaine avec des tests comptés.
- **De juillet au championnat de France FITA début septembre** : c'est une période souvent difficile à gérer si l'on n'a pas d'objectif international

durant l'été. On part en vacances sans pouvoir s'entraîner. Si l'on peut poursuivre l'entraînement, il est bon de ne pas diminuer le nombre de séances (mieux vaut tirer peu et souvent que beaucoup et rarement). Impérativement trois semaines avant le championnat, reprenez l'entraînement au même rythme que durant la période d'avril à juin. La semaine du championnat, le tir doit vous sembler facile et c'est à ce moment-là que vous devez être en confiance.

Un dernier conseil : ne vous laissez pas gagner par la lassitude à l'entraînement. Si vous vous sentez moins motivé, sautez une séance d'entraînement.
Mais attention, ne confondez pas lassitude et paresse. Il faut aussi savoir se forcer quelquefois, vous n'en éprouverez que plus de satisfaction après l'effort.

DEUXIÈME EXEMPLE

Planification de l'entraînement sur une année pour un volume de quatre à six heures hebdomadaires, par Carole Ferriou.
Objectif : peut-être la participation au championnat régional et éventuellement aux championnats de France.
À partir de ces objectifs, il est possible de déterminer une programmation avec des temps forts et des temps de récupération plus importants que dans le premier exemple.

- **De septembre à novembre** : relâchement et récupération.
  Profitez de cette période creuse en compétitions pour ne pas trop tirer et pour pratiquer des activités énergétiques.
  Essayez de privilégier le travail physique ; vous pouvez le faire en pratiquant d'autres sports : un footing par semaine, tennis, nage. Gardez le contact avec le tir à l'arc en vous programmant une séance d'entraînement par semaine.
- **De novembre à début janvier** : les choses sérieuses commencent, c'est la pleine saison en salle, travaillez votre technique.
  Continuez les activités énergétiques si cela vous est possible (le temps vous manquera sans doute parfois), en revanche, mettez l'accent sur votre entraînement spécifique au tir à l'arc à raison de 2 ou 3 séances par semaine. Réglez un à un vos problèmes techniques.
  La répartition hebdomadaire de votre entraînement sera la suivante :
- **Première séance** : celle au cours de laquelle vous tirerez votre plus important volume de flèches de la semaine : 60 flèches sur un point technique et 70 flèches sur la paille ou sur un visuel.
- **Deuxième séance et suivantes** : tirez environ 100 flèches par séance.

Si vous faites une compétition en fin de semaine, tirez la dernière séance de la semaine sur des blasons, pour établir une bonne relation de la carte par rapport à la distance.

- **Janvier - février :** travail qualitatif et compétitions. Normalement, vos problèmes techniques doivent être réglés, et votre entraînement va devenir plus qualitatif. Continuez à vous entraîner deux ou trois fois par semaine avec un total hebdomadaire de 250 à 300 flèches. Tirez plus souvent sur des blasons en faisant un tir compté au cours de la séance précédant la compétition pour vous évaluer. Travaillez surtout la régularité de votre geste et l'automotivation. À la fin de chaque compétition, analysez-vous et programmez votre entraînement en fonction de cela. Si par exemple vous vous êtes fixé pour objectif votre championnat régional en salle, vous devrez être au top début février, si votre objectif est le championnat de France, préparez-vous pour la fin février.
- **Fin février à avril :** attaquez la saison extérieure. Commencez par vous accorder une bonne semaine de repos, pour pouvoir reprendre l'entraînement de plus belle. Dès la reprise de l'entraînement, refamiliarisez-vous avec les éléments extérieurs. Ne remettez pas vos séances s'il fait froid ; poussez-vous à tirer dehors, votre adaptation n'en sera que plus rapide. Pour vos premières séances à l'extérieur, commencez par les distances les plus courtes : 30 et 50 m. Si vous avez des problèmes de placement, consacrez plusieurs séances sur la paille à 30 m, avant de tirer à de plus longues distances. Durant cette période, essayez de tirer de gros volumes de flèches dans la mesure où vos horaires vous le permettent. N'oubliez pas de faire vos réglages de matériel ; ils seront sans doute différents de ceux de la salle surtout si vous passez des tubes aluminium (utilisés durant la saison en salle) à des tubes carbone.
- **Avril à juin :** période de qualification aux championnats.
  Procédez comme durant la période de janvier - février, en privilégiant le tir qualitatif sur blason et aux distances réglementaires.
  Faites un tir compté d'au moins une distance avant chaque compétition.
- **Juillet - août :** gardez le contact. Suivant vos possibilités, essayez de conserver le même rythme d'entraînement et de faire quelques compétitions pour garder le contact en vue du mois de septembre, surtout si vous êtes qualifié pour disputer un championnat de France.

Gardez toujours en mémoire que le volume est lié à la qualité. Pour progresser, il faut d'abord augmenter le volume de flèches pour maîtriser l'arc et le geste et prendre confiance en soi, puis travailler sur la qualité en diminuant le volume de flèches.

AIDE-MÉMOIRE

Pour vous aider dans votre planification et pour vous en souvenir d'année en année, utilisez un petit carnet qui sera votre carnet de bord et qui contiendra plusieurs rubriques telles que :

Planification : ce que vous prévoyez de faire par période de un mois (nombre de footings, nombre de flèches par semaine, nombre de compétitions).

Bilan : ce que vous avez effectivement fait en détaillant séance par séance.

Calendrier : notez toutes les compétitions que vous avez prévu de faire.

Un tableau de scores avec la date, le lieu, la discipline et les scores réalisés. Ainsi à la fin de la saison, vous pourrez tracer une courbe et voir votre évolution, vos bonnes et vos mauvaises périodes.

Une fiche matériel où figurera au minimum :

- votre arc : longueur - puissance - poids,
- vos flèches : matière, allonge, calibre, différentes plumes utilisées et leur longueur, pointes,
- votre corde : matière nombre de brins,
- votre band : ex./ 22,3 cm,
- votre tiller : ex./ 7 mm,
- votre détalonnage : ex./ + 4 mm.

Cela vous sera très utile en cas de casse.

Mois	Oct	Nov	Déc	Jan	Fév	Mars	Avril	Mai	Juin	Juillet	Août	Sept
Préparation physique générale	+0	++	++	+	+	+	+	+	+	+	+	+0
Préparation physique spécifique	+0	++	++	+	+	0+	+	+	+	+	+	+0
Technique	0	+	+	+0	0	+0	0	0	0	0	0	0
Qualitatif	0	0	0	+	+	0	+	+	+	+	+	+
Matériel	+0	+	+	0	0	+	0	0	0	0	+	0

0 : *non programmé* +0 : *programmation légère* *période préconisée*
+ : *programmation importante* ++ : *programmation intensive*

Semaine	1			2			3			4		
Intensité												
Exercices	VH	P	group	VFls	P	TC	group	TP	TC	VH/VFls	P	libre
nombre de flèches	400 flèches			450 flèches			250 flèches			400 flèches		

VH = *Volume Horaire* P = *Pyramide* VFls = *Volume Flèche*
TC = *Tir Compté* TP = *Tir Précision* group = *exercice de groupement*

Exercices et entraînement mental

POUR UN TRAVAIL QUANTITATIF : FAITES DES PYRAMIDES

Lorsque vous vous entraînez, vous pouvez varier, de temps en temps, en faisant des pyramides.
Qu'est-ce qu'une pyramide ? C'est un exercice amusant qui consiste à tirer pour commencer plusieurs volées d'un petit nombre de flèches, pour poursuivre en réduisant le nombre de volées, et en augmentant le nombre de flèches par volée. Une fois arrivé au sommet de la pyramide, il faut répéter le même exercice dans le sens inverse.
Vous pouvez vous modeler des pyramides vous-même.

1 : POUR TIRER 130 FLÈCHES

Première série
tirer 5 volées de 4 flèches = 20 flèches
Deuxième série :
tirer 3 volées de 7 flèches = 21 flèches
Troisième série :
tirer 2 volées de 9 flèches = 18 flèches
Quatrième série :
tirer 1 volée de 11 flèches= 11 flèches
Cinquième série :
tirer 2 volées de 9 flèches = 18 flèches
Sixième série :
tirer 3 volées de 7 flèches = 21 flèches
Septième série :
tirer 5 volées de 4 flèches = 20 flèches

TOTAL 129 flèches

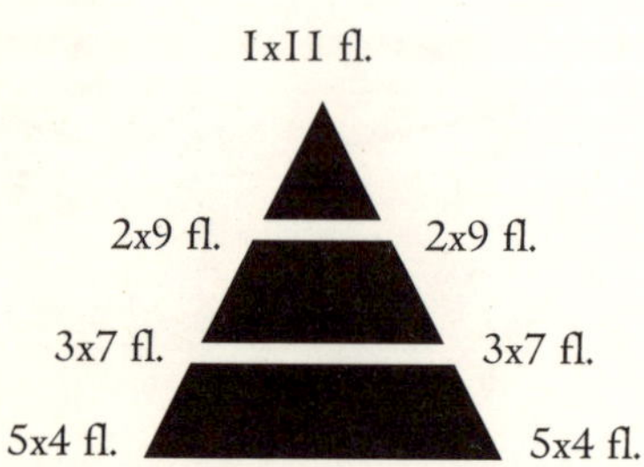

volume de flèches = 130

2 : POUR TIRER 150 FLÈCHES

Première série
tirer 5 volées de 5 flèches = 25 flèches
Deuxième série
tirer 3 volées de 7 flèches = 21 flèches
Troisième série
tirer 2 volées de 10 flèches = 20 flèches
Quatrième série
tirer 1 volée de 12 flèches = 12 flèches
Cinquième série
tirer 2 volées de 10 flèches = 20 flèches
Sixième série
tirer 3 volées de 7 flèches = 21 flèches
Septième série
tirer 5 volées de 5 flèches = 25 flèches

TOTAL 144 flèches

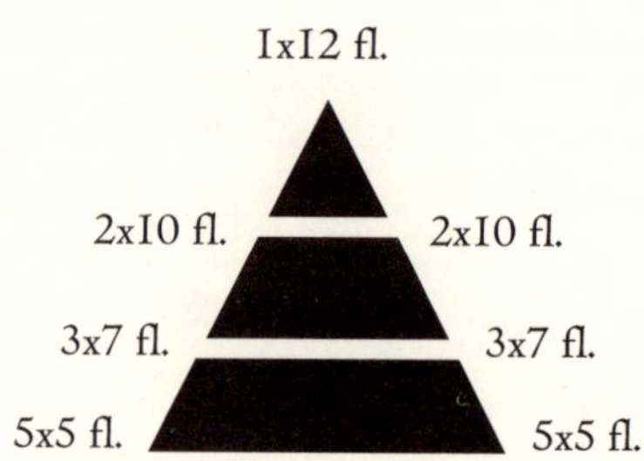

volume de flèches = 150

POUR UN TRAVAIL QUALITATIF : TRAVAILLEZ VOS GROUPEMENTS

Tirez en fixant une zone de précision suivant les distances.
Par exemple, à 50 m ayez pour objectif de ne pas sortir du bleu et comptez le nombre de flèches qui sortent de la zone.
Première séance : 10 flèches sont sorties.
Deuxième séance : 5 flèches sont sorties.
À la troisième séance, rétrécissez votre « zone objectif » au rouge, et ainsi de suite. Cela vous permettra de mesurer votre progression et votre capacité à grouper les flèches.

LA VISUALISATION

Si vous vous sentez faible mentalement en compétition ou si vous souhaitez devenir plus fort encore, sachez que cela se travaille. En tir à l'arc comme dans tous les autres sports, la confiance est primordiale pour réaliser une performance. Vous pouvez acquérir une partie de cette confiance grâce à des exercices de visualisation qui viennent s'ajouter à votre entraînement de tir à l'arc. Notez cependant que c'est une technique encore peu utilisée actuellement.

- Pour faire de la représentation mentale, concentrez-vous. Faites-le à propos du tir à l'arc, mais aussi à propos de n'importe quoi d'autre. Apprenez à rêver de manière consciente et le rêve deviendra vite réalité.
- La visualisation ne se pratique pas uniquement avec un arc en main (vous pouvez utiliser l'élastique d'échauffement, un foulard, ou rien du tout). Elle doit vous permettre de programmer les muscles qui interviennent dans l'action de tirer à l'arc.
- Plus souvent vous pratiquerez vos exercices mentaux, plus grande sera leur influence dans les situations de tir réelles. Cependant, profitez du moment où votre attention n'est pas mobilisée par autre chose ; dans les transports en commun, le soir avant de vous endormir.
- Exercez-vous à imaginer des situations positives et à enlever toutes les images négatives qui pourraient venir interférer.
- Sachez vous relaxer.
- Choisissez un endroit calme pour pratiquer votre travail mental.
- La durée d'un entraînement mental doit être d'environ un quart d'heure.
- L'image maîtresse que vous devez avoir en tête est celle de votre tir idéal.
- Essayez de recréer mentalement tout ce qui fait partie d'une compétition : l'environnement, votre tenue, vos sensations avec votre matériel, votre rythme.
- Et surtout soyez patient, lorsque vous utilisez cette technique.

Compétition

Soignez votre matériel

VOTRE FORME TECHNIQUE ET MORALE MISE À PART, IL EST IMPORTANT D'ABORDER UNE COMPÉTITION DANS DES CONDITIONS OPTIMALES.

LE MATÉRIEL

Vous devez arriver en compétition avec un matériel (arc et flèches) en bon état et une valise d'arc bien préparée.
Certains problèmes matériels peuvent être évités de manière évidente : corde, flèches, viseur. Vous serez impardonnable si l'un de ces éléments vous abandonne.

CE QUE DOIT CONTENIR VOTRE VALISE D'ARC

Aux éléments qui composent votre arc s'ajoute une foule de petits objets. En cas de casse ou de détérioration, vous emporterez en double les choses suivantes : une corde, un repose-flèche, un clicker, des flèches, des pointes, des encoches, des plumes, une palette, un berger button, un bracelet, un tranche-fil.
En plus, n'oubliez pas d'emporter le petit matériel de réparation : colle, scotch, chatterton (très solide), cutter, tournevis, clefs, vis, avancée de V Bar, cyanolyte (colle rapide), fil... de toutes tailles, équerre à band.
En tir en campagne, le sac que vous emporterez sur le parcours pourra contenir : de l'eau, un en-cas (chocolat, barre énergétique, sandwich).
Le matériel de rechange primordial : corde palette, dragonne, encoches, cutter, équerre à band, repose-flèche, berger button, colle cyanolyte.
Tenue de pluie.

Attention, essayez de remplir ce sac d'un minimum de choses lourdes, car vous le porterez toute la journée.
Dès que vous sentez votre matériel devenir défaillant ou dès qu'il est détérioré, changez-en immédiatement, plutôt que de perdre des points et le moral.

QUE FAIRE EN CAS DE CASSE ?

Vous avez de la casse : pas de panique, si vous avez auparavant appris à connaître la mécanique de votre arc, vous serez en mesure de déceler et de régler le problème matériel.

La lucidité dans cette situation est importante, elle vous permettra de réagir vite et bien. Une fois la pièce défaillante remplacée, essayez d'oublier l'incident et de faire confiance à votre nouveau matériel.
Quels sont vos droits en cas d'incident matériel ?

- Levez le drapeau de cible situé sur le pas de tir.
- Levez votre arc ou faites signe à l'arbitre.
- Si c'est un petit incident (repose-flèche, corde...) : on retire aussitôt à raison de cinquante secondes par flèche.
- Si c'est un gros incident, on tire à la fin de la série.

Comme vous tirez seul, préparez-vous à surmonter votre émotion.
Par tradition, les autres compétiteurs vous applaudiront, une fois vos flèches tirées.

Tirer par tous les temps

ON TIRE À L'ARC PAR TOUS LES TEMPS, SOLEIL, PLUIE, VENT ; IL FAUT TOUJOURS PRÉVOIR LE NÉCESSAIRE POUR SE PROTÉGER.

ATTENTION AU SOLEIL

Tirer en plein soleil : le soleil peut être un véritable ennemi pour les archers à la peau fragile ou supportant difficilement la chaleur. Il a de plus tendance à vous faire perdre votre tonus, surtout si vous vous exposez longtemps.
Vous pouvez emporter : un parasol, des serviettes-éponges, un chapeau, une casquette ou une visière, même si vous ne les portez pas pendant le tir, vous pouvez les mettre entre les volées un brumisateur, de la crème solaire et bien sûr des lunettes de soleil de bonne qualité.
Si, en plus du soleil, il y a du vent, redoublez d'attention pour vous protéger, car vous risquerez encore plus de prendre un coup de soleil, cause de dessèchement plus important de la peau.

GARE À LA PLUIE

Tirer sous la pluie : il est évidemment moins agréable de tirer sous la pluie, surtout en fin de compétition, le terrain ressemble fréquemment à un marécage ou à un bourbier. Vous devrez donc protéger en priorité les mains, les pieds, votre arc et votre matériel optique, lunettes, jumelles...

- Prévoyez des vêtements imperméables, haut/bas, chapeau, des surbottes en caoutchouc, des moufles en Nylon ou des gants imperméables à porter en dehors du tir, un parapluie pour aller aux cibles. L'important est d'être le plus au sec possible tout en restant à l'aise.
- Sur l'arc, abritez en priorité le viseur et l'ensemble clicker, repose-flèche. Protégez le matériel optique avec une serviette-éponge. Un conseil : testez vos vêtements de pluie à l'entraînement.

DANS LE VENT : SOYEZ DYNAMIQUE !

Tirer dans le vent : hormis la gêne que peut provoquer le vent pour tirer, il faut mettre tous les atouts de son côté pour que cette gêne soit la moins importante possible. Attachez-vous les cheveux : si vous avez les cheveux longs, disciplinez-les.

Carole Ferriou : « Je porte toujours un élastique ou un serre-tête. D'autre part, je porte des vêtements moulants qui ne risquent pas de se prendre dans la corde ».

La technique dans le vent : inutile d'essayer de jouer avec le vent et d'en tenir compte dans la visée car il finit toujours par tourner ou par varier en intensité et à un moment ou à un autre, c'est lui qui prendra le dessus.

- Par vent léger : n'en tenez pas compte, méprisez-le, visez plein centre. Soyez dynamique dans le tir.
- Par vent fort : testez-le aux volées d'essai en le laissant prendre deux flèches. Pour la troisième, faites un réglage en latéral moyen et contrevisez suivant la force du vent.
- Ne tirez pas votre flèche au hasard, mais en ayant décidé avant à quel endroit vous allez viser. Vous vous soucierez moins de l'effet du vent sur votre tir.
- Si au moment où vous êtes en position le vent faiblit fortement, revenez plutôt que d'essayer de rectifier la contrevisée. Cela aurait pour effet de vous faire marquer un petit temps d'arrêt, ce qui vous fatiguera vite.
- Si vous êtes dynamique dans votre tir, vous aurez moins de prise au vent et vous en souffrirez peu.

Être à l'aise pour tirer

À L'ENTRAÎNEMENT

Les chaussures

Comme pour les débutants, pas de variante, portez toujours des chaussures à semelles plutôt dures et un peu plus hautes au niveau du talon. Les chaussures de tennis conviennent bien.

Les vêtements

L'été : l'idéal est de porter un tee-shirt à manches pas trop larges.
L'hiver : un pull moulant porté au-dessus d'un body pour les femmes est ce qui protège le mieux du froid.
En bas, vous avez le choix, aucune contre-indication.

EN COMPÉTITION

Les chaussures

Portez les mêmes qu'à l'entraînement pour ne pas changer vos habitudes et surtout n'en profitez pas pour étrenner des chaussures neuves dans lesquelles vous pourriez vous sentir mal à l'aise et qui pourraient être la cause d'ampoules. Pensez toujours qu'une compétition de tir à l'arc est longue et que les aller et retour aux cibles sont nombreux.

Les vêtements (haut)

Pour les compétitions de tir cible, le blanc est de mise sauf si vous portez le maillot de votre équipe qui peut être de couleur. Vous avez toujours le choix de porter un tee-shirt ou un polo.

Attention par grand soleil de vous protéger les parties les plus sensibles (cou décolleté) afin de ne pas être brûlé. Cela arrive plus souvent qu'on ne croit, et même à des archers très expérimentés.

- **Par mauvais temps :** tout est permis et il est donc conseillé de prendre les vêtements dans lesquels vous êtes le plus à l'aise et toujours les moins larges possible.
- **Sous la pluie :** le pantalon imperméable est utile et pratique, ainsi que les surbottes qui vous éviteront d'avoir les pieds mouillés.
- **Pour le haut,** j'ai opté pour la veste Francital à manches courtes qui ne bloque pas les mouvements au niveau des articulations de l'épaule et du coude. Le problème des vêtements de pluie est

qu'ils viennent s'ajouter à d'autres vêtements et le risque est de se sentir engoncé et donc mal à l'aise dans ses mouvements ou bien qu'ils soient trop larges et qu'ils gênent le passage de la flèche et de la corde.

- **Que porter sur la tête ?** Par temps ensoleillé : un bob, un chapeau à bords étroits, une casquette ou encore une visière. Il faut faire attention à la taille de la visière ou bien aux bords du chapeau qui peuvent gêner le placement de la corde, s'ils sont trop larges.

Avoir un moral de vainqueur

Au tir à l'arc, peut-être encore plus que dans les autres sports, le moral joue un rôle primordial si l'on veut réaliser une performance et gagner. Le fait qu'il soit un sport de concentration, avec de nombreux temps morts, exige une grande maîtrise de soi, tant on a le temps de gamberger. Le fait aussi qu'il soit un sport où l'on ne fait que perdre des points sans jamais les rattraper implique de conserver en toute circonstance un moral d'acier.

Pour Carole Ferriou, plusieurs facteurs entrent en jeu pour avoir un moral de vainqueur : « Il faut que je me sente bien physiquement et mentalement. Le public et les supporters me motivent à condition qu'ils respectent le tireur (attention aux appareils photo). Tout ce que j'ai acquis à l'entraînement contribue à me donner confiance en moi.

En toute occasion j'essaie de ne pas me mettre une trop grande pression, même lorsque l'enjeu est important en pensant avant tout à faire le maximum, à aller au bout de mes capacités pour réussir. Pour m'aider à dominer le stress et la pression des grands rendez-vous, je pratique quelques exercices de relaxation et de visualisation » (lire la partie sur la visualisation p. 109).

Savoir faire avec les contraintes

En compétition, les conditions de tir sont très différentes de celles dont vous pouvez disposer à l'entraînement. Vous n'êtes pas seul sur le pas de tir. Les occasions de vous distraire, de vous déstabiliser, de vous énerver sont nombreuses.

L'ARBITRAGE

Vos relations avec les arbitres : si un arbitre ne vous accorde pas assez de cordons à votre goût, acceptez sa décision, sans vous borner, vous perdriez encore plus de points.
Si vraiment vous n'êtes pas d'accord, essayez de discuter avec lui et de le respecter. Dites-vous bien qu'il n'est pas sur le terrain pour gêner le tireur, mais pour veiller au bon déroulement de la compétition et au respect des règles.
Vous pouvez toujours appeler un deuxième arbitre si vous contestez la décision de l'arbitre en charge de votre cible.
En toute circonstance, ne perdez pas votre sang-froid à cause de l'arbitrage.

LES VOISINS DE CIBLE

Le problème est toujours le même : rester dans son tir. Les voisins de cible sont une sollicitation qu'il est difficile d'ignorer complètement.
Carole Ferriou : « J'essaie de ne pas m'occuper d'eux, surtout de ne pas les regarder tirer. Pendant les volées d'essai, j'évalue leur rythme, le bruit de leur arc et j'observe les gestes qu'ils font entre chaque flèche. Cela me permet d'adapter si c'est nécessaire mon rythme de tir pour ne pas être gênée pendant la compétition.
« Si je me trouve à côté de quelqu'un de vraiment trop bruyant, je n'hésite pas à le lui dire.
« Si mon voisin de cible est en même temps un adversaire (dans le cadre d'une élimination directe), je ne change pas mon attitude et évite de regarder son résultat (même si j'en ai une idée).
« Mon objectif est de donner mon maximum et non pas d'essayer de prendre un point par volée à mon adversaire ».

En tir en campagne : à moins de tirer en premier, il est difficile de ne pas regarder tirer ses adversaires, surtout pour voir la tendance de la cible (si elle est plutôt longue ou courte). Si je suis bien en confiance, j'essaie de commencer. Étant spécialiste de tir en campagne, les indications que peuvent me donner les autres tireurs de mon peloton m'induisent souvent en erreur ».

RÉAGIR LES JOURS DE MAUVAISE FORME

C'est là qu'il faut réagir, il faut se battre deux fois plus. Ce sont la motivation et la volonté qui doivent prendre le dessus.
Certains jours ça va mal, on est malade, on est mal physiquement, on n'a pas envie de tirer, on est mal placé sur le terrain ou encore les voisins de cible ne vous plaisent pas.
Comment procéder ?
Il faut essayer d'effacer toutes les images négatives de sa tête, se faire aider de son entraîneur pour retrouver à tout prix l'envie de tirer.
Si cela arrive le jour d'une grande compétition, il est important de réagir très vite pendant l'épreuve et non après. Le fait de vous être battu et d'avoir donné le maximum sera pour vous déjà une satisfaction.
Si vous n'êtes pas en forme le jour d'une compétition mineure, il faut aussi réagir en essayant des petits trucs qui peuvent vous redonner plaisir à tirer.
Dites-vous que cela arrive à tout le monde et oubliez les mauvais passages le plus vite possible.

LE RYTHME DE LA COMPÉTITION

Savoir gérer les temps morts : l'épreuve qui risque de vous sembler très longue est le FITA, surtout en rythme ABC, un peu moins en rythme ABCD. Vous risquez donc de vous déconcentrer et de vous disperser facilement. Prévoyez musique (emportez un baladeur, mots croisés, livres).
Pour bien rester dans votre tir, évitez de regarder les autres cibles, ou vos adversaires lorsqu'ils sont sur le pas de tir. Répétez vos exercices de visualisation.
En tir en campagne : si le rythme des pelotons est lent et que vous deviez attendre entre chaque cible :

- Posez les affaires lourdes (sac, eau) pour ne pas vous fatiguer,
- Profitez-en pour observer le terrain et les difficultés qui se présentent,
- Faites le point sur la compétition, combien de cibles avez-vous tirées, quels diamètres de cibles vous reste-t-il à rencontrer ?

• N'écoutez pas les remarques et les conseils de vos partenaires en peloton.
En fonction de la discipline et du type de compétition, le rythme change.
1. En tir cible : le tireur dispose généralement de deux minutes pour tirer ses 3 flèches ou de quatre minutes pour tirer 6 flèches. En tir alterné, flèche à flèche, le temps imparti est de quarante secondes.

- Le rythme dans les phases qualificatives est assez lent et monotone, les archers tirent en deux ou trois vagues. Les temps morts sont alors très nombreux.
- Dans les phases finales, au contraire, le rythme est très rapide, les archers tirant en une seule vague disposent de très peu de temps entre les volées.

Quel que soit l'enjeu, le stade de la compétition, quelles que soient les conditions de tir (vent, pluie, soleil), il est important de veiller à conserver son propre rythme de tir et de ne pas se laisser embarquer par un tireur plus rapide qui risque de vous déstabiliser. C'est un point qu'il est primordial de travailler à l'entraînement, il vous aidera à surmonter le stress de la compétition.
2. En tir en campagne : le tireur dispose de quatre minutes pour tirer ses 3 flèches. Comme on change constamment de situation, d'endroit, de difficulté, le rythme peut devenir saccadé et irrégulier. La concentration est très forte sur la première flèche, puisqu'il faut évaluer la distance, les deux autres flèches sont moins stressantes si la première est réussie.

L'entraînement officiel

Carole Ferriou : « Pour moi, c'est un jour important qui fait déjà partie de la compétition, c'est le moment où l'on peut se mettre dans l'ambiance, régler les derniers problèmes, où l'on peut essayer quelques petits trucs. Par exemple, s'il y a du vent, si je suis à l'aise et performante le jour de l'entraînement, cela me met en confiance. Il n'est pas nécessaire de tirer énormément de flèches, mieux vaut rester plutôt qualitatif..»
« Je tire deux volées de 6 flèches à 70 - 60 - 50 - 30 m en FITA, trois volées de 6 flèches à 25 et à 18 m en salle, 40 flèches en field, soit une volée à chaque distance pour vérifier mes traits selon le terrain et l'altitude.
« Je tire en plus quelques flèches aux longues distances pour prolonger mon geste et avoir une bonne image visuelle du trajet de la flèche vers la cible » (lire la partie sur la visualisation p. 109).
« C'est le jour du contrôle du matériel par les arbitres. Le jour de

l'entraînement officiel est aussi le jour des retrouvailles avec ses camarades, et c'est donc le moment idéal pour parler un peu avec eux, lorsque l'on n'a pas besoin d'une grande concentration.
Dans les grandes compétitions, c'est aussi le jour de la présentation des équipes et des officiels souvent sous forme de défilé.
En tir en campagne, c'est la journée des préparatifs matériels, vestimentaires et alimentaires pour le lendemain ».

Comment aborder une phase qualificative ?

La tendance du tir à l'arc est de s'orienter sur deux phases de compétition :

- Les qualifications à l'issue desquelles on ne garde qu'un nombre réduit de tireurs.
- Les finales par élimination directe.

Cependant, de nombreux concours qualificatifs au championnat de France sont organisés sur un simple cumul de points, sans phases finales.
Si on est largement du niveau de l'épreuve :
Les qualifications sont en général longues, si vous possédez une bonne marge pour passer le « cut », ne laissez pas toutes vos forces dans la bataille, mais pensez tout de même que mieux vous serez classé, plus vous aurez un tableau facile par la suite.

TIR DE CAMPAGNE

En tir en campagne, c'est un peu différent puisqu'on remet les compteurs à zéro pour chaque phase finale.
Essayez de tirer en confiance et le plus décontracté possible pour avoir ou trouver le bon rythme et rester frais pour les finales.
Depuis l'introduction des phases finales en élimination directe, la place acquise en qualification prend de plus en plus d'importance.
Néanmoins, les surprises sont nombreuses et il n'est pas rare de voir le premier des qualifications éliminé au premier tour par le dernier qualifié.
Si vous êtes juste ou plutôt faible par rapport au niveau de l'épreuve :
il faut dès le début donner le maximum pour avoir une chance de passer parmi les qualifiés. Évidemment, cette situation est plus stressante.
Surtout ne désespérez pas si cela ne marche pas.

Comment aborder une phase finale ?

Au tir à l'arc, les phases finales sont très courtes, la moindre erreur peut être fatale. Dès le début, appliquez-vous sur chaque flèche comme si elle était décisive. Soyez concentré et n'oubliez pas de vous relâcher lorsque vous allez aux cibles marquer les points. Ne doutez jamais que vous pouvez gagner. Si vous y croyez vraiment, cela peut vous donner des ailes.

ÊTRE VIGILANT AU CHANGEMENT DE DISTANCE

Cela est très important et peut vous éviter de perdre des points inutilement. C'est à la portée de tous les archers. Comment faire pour ne pas commettre cette faute impardonnable ?

En tir olympique : Cela ne peut plus vous arriver car dans la nouvelle réglementation olympique la distance est toujours la même : 70 m. En salle, dès le premier tour du tableau final c'est la même distance qui est conservée jusqu'à l'ultime flèche de la finale, généralement le 18 m.

En tir en campagne, la situation est nouvelle à chaque cible. Le réglage du viseur s'impose.

En tir en campagne :
les changements de distance sont constants, puisque chaque cible vous place dans une situation nouvelle. Les « fieldistes » y sont habitués. Il faut commencer par évaluer la distance, puis l'afficher à son viseur. Pour être plus sûr, regardez votre viseur avant de tirer la première flèche.

Pour ne pas commettre d'erreur sur les changements de distance, essayez de rester concentré en arrivant à la cible et ne vous laissez pas distraire par votre entourage, le cadre magnifique ou les petits oiseaux. Vous aurez tout le temps de vous détendre entre les cibles.

SACHEZ UTILISER LES JUMELLES

Le meilleur moyen d'utiliser sa jumelle est de ne pas en abuser. C'est un élément indispensable pour un archer; pourtant, la jumelle est souvent un piège car elle indique le résultat, cependant, dans toutes les disciplines elle est indispensable car elle permet de régler l'arc.
Le meilleur moment est de regarder dans la jumelle après la première flèche de la volée tirée et ensuite de la poser.
Si vous l'utilisez à chaque flèche, vous risquez de couper votre rythme, de devenir très dépendant d'elle et de vous faire monter la pression.
Par exemple après deux 10, inutile de prendre la jumelle, tirez votre troisième flèche et regardez votre résultat à la fin de la volée.
En tir en campagne : les jumelles peuvent vous aider à évaluer la distance et la tendance de la cible.

La longue vue est encombrante mais très stable et plus rapide d'utilisation. Elle est indispensable en tir par équipe.

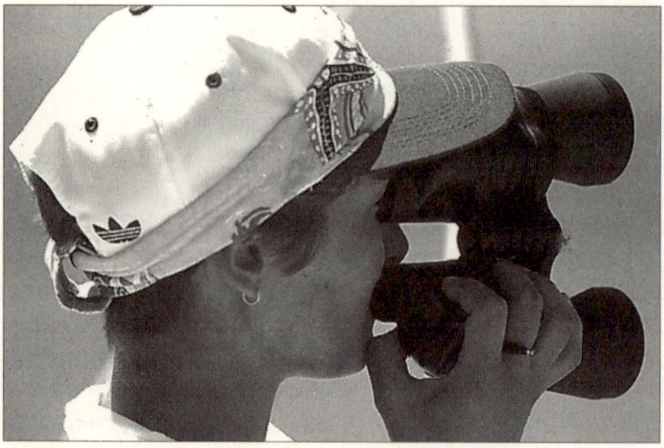

Les jumelles sont indispensables en compétition. Veillez à ce qu'elles soient à la fois légères, peu encombrantes, lumineuses, résistantes à l'eau voire étanches.

En tir cible extérieur : en cas d'intempéries, les jumelles peuvent être utiles pour la contre visée.
En salle : elles vous aideront à ne pas être trompé par l'éclairage artificiel. Et puis, si vous êtes éliminé de la compétition, les jumelles seront bien utiles pour continuer à suivre en spectateur.
Le cerclage : c'est l'action de tendre l'arc à son allonge et de poser le viseur sur la cible pour voir s'il est bien au centre de la cible. Il permet de connaître assez précisément la distance de la cible.

Pour en savoir plus

Qualifications	Règlement de 1986 à 1992 :1 FITA simple soit 144 flèches sur 4 distances	Règlement depuis 1992 IDEM
Phases finales	1/8 de finale : 24 archers 1/4 de finale : 18 archers 1/2 de finale : 12 archers Finale : 8 archers	1/32 de finale (depuis 1994) 64 archers placés dans un tableau par élimination directe en fonction de leur place en qualification. Même principe de tableau qu'au tennis. Duels sur 18 flèches jusqu'en 1/8 de finale.
Nombre de flèches par phase finale	36 flèches	À partir des 1/4 de finale et jusqu'en finale : duels sur 12 flèches en tir alterné
Distances	4 distances du FITA 9 flèches/distance	1 seule distance 70 m
Durée d'une finale	1 heure	15 à 20 minutes
Phases finales par équipe	1/2 de finale : 12 équipes de 3 archers Finale : 8 équipes Même principe que pour l'épreuve individuelle.	1/8 de finale : 16 équipes placées dans un tableau par élimination directe. 27 flèches au total/9 par archer à 70 m. À chaque volée, les 3 archers disposent de 3 minutes pour se succéder sur le pas de tir et de tirer 3 flèches chacun soit une moyenne de une minute par archer (au lieu des 2 min 30 habituelles). Le chronomètre ne s'arrête pas entre deux archers.

Un sport en pleine évolution

LA MÉDIATISATION DU TIR À L'ARC

Le tir à l'arc est aujourd'hui encore peu médiatisé. Pourtant, il bénéficie de deux atouts importants : il est à la fois un sport olympique et un sport de loisir qui rassemble un grand nombre de pratiquants qui devraient devenir un public fidèle à son sport.

TIR À L'ARC ET OLYMPISME

Après avoir été inscrit épisodiquement aux Jeux olympiques entre 1900 et 1920, le tir à l'arc revient aux Jeux de Munich en 1972 ; une véritable bouffée d'oxygène qui marque le début de son développement significatif en France.

Aujourd'hui cependant, le tir à l'arc est de nouveau menacé de sortir des

Jeux. Jugé trop peu médiatique et donc pas assez lucratif, il risque gros après les Jeux olympiques d'Atlanta en 1996.
C'est dans cette optique que la Fédération internationale de tir à l'arc (FITA), longtemps très conservatrice, a décidé de se lancer dans une lutte acharnée pour le maintien de son sport parmi les disciplines olympiques.

DES RÈGLEMENTS EN ÉVOLUTION CONSTANTE

La codification des phases qualificatives des épreuves de tir à l'arc semble bien arrêtée. En revanche, des modifications importantes sont intervenues dans le déroulement des phases finales. Désormais, elles sont organisées en tableaux par élimination directe des archers sous forme de duels disputés sur un très petit nombre de flèches. Ces formules sont rapides, faciles à suivre et pleines de suspense. Elles permettent une concentration de l'intérêt sur un seul match.
En tir en salle : qualification sur 60 ou 120 flèches à 18 et/ou à 25 mètres selon la catégorie d'arc.
Tableau final composé avec les 32 meilleurs archers des qualifications qui s'affrontent en duels organisés sur un cumul de points sur 18 flèches jusqu'en 1/8 de finale et sur 12 flèches à partir des 1/4 de finales.
Un match dure environ vingt minutes.
En tir olympique : en 1986, on a vu l'introduction d'un premier type de phases finales après une qualification sur 144 flèches (36 flèches tirées à quatre distances ; 90/70/50/30 m pour les hommes et 70/60/50/30 m pour les femmes. Ce premier type de phases finales se nomme « Grand FITA Round » ou « Grande Épreuve FITA ».
Le principe en était le suivant : quatre phases finales disputées sur 36 flèches réparties sur les quatre distances, au cours desquelles tous les archers encore en course tiraient en même temps, les compteurs étant remis à zéro à chaque stade de la compétition.

En 1/8e de finale :	24 archers
	18 qualifiés
En 1/4 de finale :	18 archers
	12 qualifiés
En 1/2 de finale :	12 archers
	8 qualifiés
En finale :	8 archers
	Le meilleur gagne.

Cette première modification de la discipline olympique fut un demi-échec vis-à-vis des médias qui n'ont pas prêté un intérêt beaucoup plus important au tir à l'arc. De plus, le Grand FITA Round est jugé compliqué à suivre, long (chaque phase dure une heure environ) et réunit encore trop d'archers sur le pas de tir.

AUX J.O. DE BARCELONE LE TIR A L'ARC CRÈVE L'ÉCRAN

Le nouveau règlement entré en vigueur aux Jeux Olympiques de Barcelone a fait ses preuves.
Pour la première fois, les phases finales furent filmées intégralement à partir des quarts de finale et retransmises en direct dans de nombreux pays dont la France.
Un tableau de 32 archers fut constitué à l'issue des qualifications et des duels sur 12 flèches furent organisés à l'unique distance de 70 m.
De plus, la FITA a pris conscience qu'il fallait travailler la capacité à transmettre instantanément le résultat au public et qu'il était important de gommer le maximum de temps morts pour offrir un vrai spectacle.
Ainsi, les archers ont désigné des « porteurs de flèches » pour leur éviter de monter aux cibles et des marqueurs ont été postés à chaque cible pour afficher immédiatement le résultat de chaque flèche.
Simple, rapide et proposant aux spectateurs et aux téléspectateurs une quasi-unité d'action, ce règlement atteindra, on l'espère, son objectif pour l'an 2000.

RÈGLEMENT SPÉCIFIQUE POUR LES J.O. D'ATLANTA

Quelques aménagements ont été prévus en accord avec le C.I.O.
Seuls 64 hommes et 64 femmes seront autorisés à participer aux Jeux olympiques d'Atlanta. Les places ou quotas auront préalablement été gagnés aux championnats du monde et dans des tournois de qualification olympiques.
À Atlanta, les archers effectueront un tir de classement à raison de 72 flèches tirées à 70 m.
Ensuite, ils seront placés en fonction de leur place dans un tableau.

Vecteur de communication et symboles

De plus en plus utilisé dans le message publicitaire, le tir à l'arc rassemble autour de lui des images et des idées fortes. L'image du tir à l'arc et le vocabulaire qui lui est propre sont souvent utilisés en matière de communication.

Communication

La cible représente l'objectif à atteindre par l'archer.
En communication, c'est le premier paramètre à définir et à maîtriser pour la réussite de toute entreprise.
L'arc et la flèche sont la relation entre l'archer et sa cible. Si la flèche est bien lâchée, elle atteindra le cœur de la cible.
En communication, elle symbolise les moyens qui vont être employés pour atteindre un objectif. De plus, elle symbolise la précision et la rapidité, surtout quand on sait qu'une flèche part d'un arc de compétition à la vitesse d'environ 200 km/h.
De plus, arc et flèche relèvent de la haute technicité et sont le produit de recherches poussées et de l'utilisation de matériaux très spécifiques (carbone, céramique, magnésium, alliages de métaux, kevlar).
Viser juste est déterminant pour atteindre sa cible.
Les qualités et les exigences nécessaires pour devenir un archer de haut niveau sont comparables à celles qui font un bon commercial, une équipe de qualité.

Les symboles

Le tir à l'arc, sport ancestral, connaît un renouveau ces dernières années, en véhiculant certains paramètres différents des sports de masse.

- Sport esthétique par ses gestes techniques, il exige : *Concentration, volonté, équilibre, maîtrise de soi, précision.*
- Son matériel de haute technicité évoque : *Performance, puissance, fiabilité. La cible et les flèches : recherche d'un objectif, précision, rapidité.*
- À la tenue blanche des archers en compétition s'associent : *Pureté et tradition.*

Ces associations de symboles sont de plus en plus utilisées dans les messages publicitaires.

Itinéraire au quotidien de deux champions

CAROLE FERRIOU

Des flèches ventouses au titre mondial...

Carole Ferriou, une consécration très précoce avec trois titres mondiaux en tir en campagne. À 22 ans, son viseur est réglé sur les J.O. d'Atlanta.

LES DÉBUTS

J'ai découvert le tir à l'arc très tôt, à sept ans. Mon père, qui le pratiquait déjà, m'avait acheté un arc et des flèches ventouses dans un supermarché. Tout de suite, je me suis amusée avec en tirant partout dans la maison. Et puis un jour, mes parents m'ont fait cadeau d'un vrai arc et de vraies flèches. Ce fut le début de mon véritable apprentissage.

J'accompagnais mon père au club (ADA Blois) et très vite je disputai mes premières compétitions. Comme j'étais de loin la plus jeune, on avait inventé pour moi dans la ligue la catégorie « poussines ».

La concurrence n'était pas très grande, mais je m'amusais beaucoup plus à disputer des compétitions qu'à m'entraîner.

En 1982, j'ai participé à mon premier championnat de France, chez les benjamines.

C'était à Brest, j'avais onze ans et me suis classée 4e (en tir salle), puis la même année à Clermont-Ferrand, 2e en fédéral. En 1983, toujours benjamine, 3e en salle et en fédéral, très motivée pour progresser encore. Les deux années qui ont suivi ont été perturbées par des problèmes de changement de matériel qui s'imposaient pour me permettre d'évoluer et de satisfaire mon envie de tirer à de plus longues distances. À quinze ans, je commençai le FITA (tir aux distances olympiques) et ne découvris le tir en campagne qu'en 1986.

La découverte du field

Très pratiqué dans ma région qui s'y prête particulièrement bien avec la Sologne et ses forêts, le tir en campagne ou field m'a immédiatement séduite (au contraire de mon père, mais, depuis, cela a beaucoup changé). Ma première compétition de tir en campagne fut une réussite, pas de flèche perdue, ni cassée. « Bon signe », disait-on autour de moi.
Dès 1986, je remporte le championnat de France cadettes à Notre-Dame-de-Gravenchon, ce qui me vaut d'être sélectionnée pour les championnats du monde juniors. Je n'y croyais pas ! Un mois plus tard, je remporte l'Open de Suède (juniors) et puis c'est la déception, j'apprends la suppression de ma catégorie aux championnats du monde.

Concilier études et sport de haut niveau

Avec mon intégration en équipe de France de tir olympique, je décide à la rentrée 86/87 d'intégrer la section sports études d'Arcachon, pour mieux concilier études et tir à l'arc. Hélas, le résultat n'est pas convaincant, l'ambiance n'est pas bonne, je suis loin de ma famille, les horaires ne sont pas aménagés pour nous et je redouble à la fin de l'année. Je décide d'abandonner, préférant donner la priorité à mes études.
Finalement, j'accepte la proposition de l'entraîneur national du moment, Mario Codispoti, de venir à l'INSEP à Paris, l'endroit idéal pour concilier études et sport de haut niveau. Le résultat ne se fait pas attendre, je passe mon bac et poursuis sans problème mes études STAPS (professeur d'éducation physique).

Ma vie de sportive de haut niveau

Ma vie à l'INSEP est très réglée. J'ai en effet besoin d'être très organisée pour tout mener de front. J'ai vingt-deux heures de cours par semaine, qui englobent l'entraînement physique (important puisqu'il fait partie de mes études); s'ajoutent les entraînements de tir à l'arc (au total une douzaine d'heures réparties du lundi au vendredi, le week-end étant consacré soit au repos, soit aux compétitions la majeure partie du temps). De plus, pour être en forme, je dois me ménager des temps de récupération. Ce rythme de vie me convient bien, même si certaines périodes sont plus dures à vivre que d'autres ; par exemple, les périodes d'examens qui chevauchent avec des compétitions importantes.

1988 : premier titre mondial

Les championnats du monde field se suivent et ne se ressemblent pas ; en 88, la catégorie juniors est rétablie et je remporte mon premier titre mondial à Bolzano en Italie. C'est une grande satisfaction personnelle, mais qui ne m'apporte pas énormément de retombées médiatiques.

1989 : « L'ANNÉE GALÈRE »

C'est l'année des blessures et bien sûr mes performances s'en ressentent. Douleurs cervicales et tendinites m'obligent à m'arrêter trois mois à la fin de l'année pour me soigner.
La reprise est difficile, surtout avec la saison de salle qui n'est pas vraiment ma spécialité.

1990 : « L'ANNÉE DORÉE »

Je retrouve ma motivation pour tirer grâce à l'arrivée de Laurent dans ma vie (lui aussi membre de l'équipe de France). J'attaque la saison field en trombe. Je tire bien, augmente sensiblement ma moyenne par rapport à l'année précédente et à plusieurs reprises je bats les meilleurs archers français de ma spécialité. Ma confiance augmente au fil des mois et tout me paraît facile. Par la même occasion, j'améliore mes performances en FITA, mais cette année, priorité aux championnats du monde field. Après un championnat de France field en demi-teinte (bonnes qualifications, finale très moyenne), j'obtiens ma sélection pour le mondial en Norvège. Soulagement. Après un mois de relâchement, je retrouve l'équipe de France pour le stage de préparation en altitude, au Grand-Bornand. La confiance est revenue et le tir pas tout à fait. Arrivée en Norvège, je suis au top niveau, tous mes entraînements sont tellement bons que l'on commence à se méfier de moi, même les Suédoises qui sont les favorites. Tout cela accentue encore ma confiance et me permet de finir seconde des qualifications, derrière Jenny Sjowall, à l'issue desquelles seules les quatre meilleures sont qualifiées pour la finale.

HISTOIRE D'UN TITRE MONDIAL

C'est le jour de la finale, celle du tir libre, la mienne est la seconde dans le programme. L'attente est longue, surtout qu'elle commence avec une heure de retard. J'ai vraiment hâte de partir. Mon entraîneur, Henri Prévost, fume cigarette sur cigarette (lui qui devait arrêter). Après quelques cibles d'entraînement et quelques blagues échangées avec Jay Barrs et Francis Nottenboom (finalistes messieurs) pour se relaxer, c'est l'heure de partir. Il fait froid. J'ai 8 cibles pour gagner. Ire cible : c'est une horreur ! une 60 cm à 45 m en pente et en dévers. J'ai le vertige, mais je tire. Et puis l'enthousiasme de l'équipe de France, qui est derrière moi, me porte et me libère. « Je me détends un peu... » 3e cible : je reviens à égalité après une évaluation parfaite. Délire dans l'équipe. Le public nombreux (c'est la première fois que cela arrive) est lui aussi derrière moi. Tout cela me donne des ailes, les cibles défilent vite, mais j'ai hâte d'en finir. 8e et dernière cible : plus que 3 flèches à tirer en face de moi le panneau lumineux indique : Ire Ferriou - France. J'ai 4 points d'avance sur

Jenny Sjowall et c'est à nous de tirer. Elle commence et tire 2 flèches. Je n'en ai pas encore tiré une. Je me décide. Première flèche : un 4 au ras du spot, elle tire sa troisième flèche. À moi de jouer. J'ai du mal à lâcher les deux dernières. Ma seconde flèche, un autre 4 encore au ras du spot me donne la victoire. L'équipe de France explose de joie derrière moi. Catherine Pellen me souffle : « Lance la dernière à la main », mais je ne sais plus très bien où j'en suis. Je tire ma dernière flèche et là ça y est, tout est fini, j'ai gagné, je suis championne du monde. Je pose mon arc, je suis à bout, les larmes viennent. À la remise des médailles, je n'entends même pas le début de *La Marseillaise,* je suis ailleurs.
À mon retour à l'hôtel, j'ai mes parents au téléphone, ma mère, à peine surprise, a croisé les doigts toute la journée. Elle s'y attendait (Ah ! l'instinct maternel !). Mon père n'est pas là, il apprendra la bonne nouvelle un peu plus tard. Je dois au moins la moitié de ma médaille à mes parents et à l'équipe de France. Le soir, c'est la fête, Nadine Visconti est elle aussi championne du monde chez les « bare-bow » et Valérie Fabre, médaille d'argent chez les compounds. De retour à Paris, la fête continue ; avec Laurent nous ne réalisons pas encore, mais il faut se calmer, à la fin de la semaine, c'est le championnat de France de tir olympique. Un peu fatiguée, l'esprit ailleurs, je finis 5e.

UN RÔLE DE LOCOMOTIVE POUR LE TIR À L'ARC FRANÇAIS

Quinze jours après je commence à être sollicitée pour des photos, des interviews, des reportages, tout cela sous la direction de Laurence Frère, ma conseillère dans ce domaine. Mon titre senior a plus d'impact dans les médias, on commence à connaître le tir à l'arc et à l'apprécier.

1992 UNE NOUVELLE GRANDE ANNÉE

Pas facile d'aborder une année lors de laquelle on doit remettre son titre mondial en jeu. Mais je ne pose pas trop de questions, j'ai le sentiment de m'être affirmée et d'avoir franchi un nouveau cap. Pourtant en 1991, de nouveau le titre national m'a échappé une nouvelle fois au profit de Catherine Pellen. En 1992, les championnats du monde de tir en campagne ont lieu à Maastricht. Le début du championnat a lieu dans des conditions déplorables, la deuxième journée est un peu meilleure, mais ces conditions difficiles ne m'ont pas gênée, grâce à ma bonne forme physique. À l'issue des qualifications nous occupons Catherine Pellen et moi respectivement les 1ère et 2e places. Les phases finales sont un peu différentes de l'édition précédente, avec six cibles au lieu de 8. L'autre différence n'est pas vraiment une nouveauté pour moi puisque je tire aux côtés de Catherine. Très motivée, je mène de bout en bout. Je me suis juste un peu tendue sur le tir de la dernière flèche. J'ai besoin d'un 2

pour gagner. Je fais un 4 au bout de six longues minutes pour moi et surtout pour mes supporters qui cette fois se sont déplacés en force.
La première personne à me féliciter est Catherine, ma concurrente directe, elle réalise elle aussi une bonne performance puisqu'elle est médaille d'argent.
Ce championnat, malgré une organisation loin d'être parfaite, restera un superbe souvenir. Évidemment, mon deuxième titre consécutif y est pour beaucoup, mais la performance d'ensemble de l'équipe de France avec 6 médailles (2 d'or, 2 d'argent et 2 de bronze) aussi. 1993 : après ce couronnement en tir en campagne, je décide de donner la priorité au tir olympique. Cette année là, j'ai le plaisir de signer plusieurs nouveaux contrats de matériel, avec Easton, Hoyt, Beiter, Angel, Shibuya, d'autre part, mon changement d'arc se fait dans les meilleures conditions, et le fait de tester la nouvelle poignée Hoyt radian est très motivant.
Sur l'entraînement, je travaille avec Michaël Nayrole et progresse énormément, battant largement tous mes records. Avec une sélection parmi les trois meilleures Françaises pour participer aux Jeux méditerranéens où je me classe 3e individuelle et 1re par équipe et ma première sélection mondiale en tir olympique, cette année est très positive à tous points de vues. 1994 est une année pas facile à gérer avec le choix que j'ai fait de miser beaucoup sur mes études et sur la réussite à mon CAPEPS, afin de me libérer pour 1995 et 1996 et bien me préparer aux Jeux olympiques. Après un échec à mon concours, une saison sportive écourtée et seulement une deuxième place par équipe aux Championnats du monde de tir en campagne, le bilan est lourd à digérer.
Aujourd'hui, je suis très motivée par les Jeux olympiques d'Atlanta et prête à m'investir au maximum pour réussir à me sélectionner.
J'ai vraiment envie de goûter à la magie des Jeux.

CAROLE FERRIOU EN BREF

Club : BOE (près d'Agen) - Lot-et-Garonne - Aquitaine
Entraîneur : Yves Machatshek
Partenaires : Gaz de France (depuis 1991) – Conseil Régional d'Aquitaine – Unibeton Tovo et fils – Les Arcs 2000 – Easton (actions de promotion en France) – Hoyt – Beiter – Shibuya – Angel
Palmarès : 1988, championne du monde junior de tir en campagne, 1990 et 1992, championne du monde senior catégorie tir libre, 1992, championne de France de tir en campagne, 1993, 3e des Jeux méditerranéens individuelle et 1re par équipe, 1994, vice championne du monde par équipe de tir en campagne et championne de France de tir en campagne.

SÉBASTIEN FLUTE : CHAMPION OLYMPIQUE

Sébastien Flute est à 23 ans à la tête d'un palmarès exceptionnel. Son titre olympique a donné un véritable coup de fouet au tir à l'arc français avec une augmentation du nombre des licenciés de 30 % depuis la fin 92, baptisé « L'effet Flute ».

UNE ASCENSION VERTIGINEUSE DANS LA HIÉRARCHIE MONDIALE

J'ai commencé le tir à l'arc relativement tard par rapport à Carole. Après avoir criblé de flèches les serres du jardin de mon grand-père pendant plusieurs étés, je me décidai en 1984 à m'inscrire dans un club de tir à l'arc.

J'avais donc onze ans lorsque je fis mon entrée aux « Archers d'Iroise », à Brest. Au début, le tir à l'arc était pour moi un jeu. Au fil des séances d'initiation, le jeu m'a plu de plus en plus, pour devenir une passion.

En 1985, je participai à ma première compétition à 30 m. Comme mes résultats progressaient constamment, j'eus vraiment envie d'aller plus loin et de m'entraîner réellement.

En 1987, je pris part à mon premier championnat de France, c'était en salle à Épinal, je me classai 6e, suivit le FITA où je montai sur la deuxième marche du podium. Ma bonne saison 1987 me valut mon intégration en équipe de France juniors dans l'optique des championnats d'Europe juniors de Bedford en 1989. C'est à partir de la rentrée 1987-1988 que je fus entraîné sans jamais changer d'entraîneur par la suite par Mickaël Nayrole, qui était à l'époque entraîneur national de l'équipe juniors.

PREMIÈRE *MARSEILLAISE* À COMPIÈGNE

1988 fut marquée par ma première victoire internationale lors du Coq France (Internationaux de France) à Compiègne dans la catégorie juniors. La catégorie seniors m'avait à l'époque beaucoup impressionné, surtout avec la présence de Jay Barrs qui allait devenir un mois après champion olympique, de Mac Kinney, de Vladimir Esheev, le Soviétique champion du monde en titre et recordman du monde. Je ne savais pas que je retrouverais et battrais un jour ces « monstres » du tir à l'arc, je n'oublierai pas cette première fois où *La Marseillaise* a retenti pour moi.

DEUXIÈME *MARSEILLAISE* À BEDFORD

1989, année des championnats d'Europe juniors FITA. Pour la première fois, les Français remportent l'or sur toute la ligne. Cette compétition fut d'« enfer » à tous les sens du terme ; des conditions atmosphériques épouvantables, mais au bout un titre individuel pour moi et le titre par équipe avec Olivier Rouillard et Michaël Taupin. En août, j'enchaîne en remportant le championnat de France cadets à Angers.

L'ENTRÉE DANS LA COUR DES « GRANDS »

Après toutes ces performances je décide de quitter ma Bretagne natale pour entrer dans la section haut niveau de l'INSEP à Paris en même temps que j'intègre l'équipe de France 2. La saison 90 fut en demi-teinte, pour ma première année chez les « grands ».
Sélectionné pour les championnats d'Europe en salle à Athènes, je dois me contenter d'une piteuse 23e place. La saison FITA quant à elle ne m'apporte guère plus de satisfaction.

1991 : TROISIÈME *MARSEILLAISE*

Malgré mes résultats en demi-teinte à mon goût, je monte en équipe de France I. 1991 est une année avec deux objectifs importants : d'abord le championnat du monde en salle en mars (le premier) et le championnat du monde de tir olympique en août. Cette fois, je veux réussir. Après une préparation très complète toujours sous la direction de Mickaël Nayrole, j'améliore deux fois de suite le record de France en salle à 25 m, pour le porter début février à 590 points, un seul point me sépare maintenant du record du monde et cela me donne confiance pour le Mondial en salle.
Ma confiance est redoublée par mon titre de champion de France, je me sens prêt pour faire quelque chose de bien en Finlande.
Durant les qualifications, tout se passe bien et j'entame le premier tour en seizième de finale contre l'un des favoris : Vladimir Esheev (l'un des archers qui a longtemps représenté quelque chose pour moi) ; première victoire.
En quart de finale, je parviens à battre Alessandro Rivolta, un Italien coriace, en demi-finale, j'ai sans doute disputé contre Vadim Shikarev mon match le plus difficile, puisque je ne l'emportai qu'après un tir de barrage.
La finale, quant à elle, est celle dont je rêvais puisque mon adversaire n'était autre que Jay Barrs, le champion olympique en titre, qui venait de remporter sa demi-finale en réalisant le score parfait de 150 points sur 150 possibles. Cette finale fut véritablement acharnée, tellement acharnée que je me surprends encore à stresser lorsque je revois la cassette du championnat. Barrs et moi avions un peu le même rythme très rapide de tir. Je décidai de ne pas faire de surenchère en essayant de tirer plus vite que lui, mais plutôt de conserver mon propre rythme ; bonne stratégie, c'est lui qui se prenait à

son propre piège et qui me permettait de l'emporter. Après ce titre, je savais que l'on allait m'avoir à l'œil et que je devais me préparer encore plus sérieusement pour confirmer en tir olympique. Motivé par les championnats du monde de tir olympique, je battis assez tôt dans la saison à plusieurs reprises le record de France FITA ainsi que plusieurs distances intermédiaires. À Cracovie, au championnat du monde je tirai assez bien mon épingle du jeu ; pas de titre, mais une honorable 6e place (il faut savoir que la concurrence est beaucoup plus importante en tir olympique qu'en tir en salle où quelques-unes des meilleures nations mondiales, en particulier les Asiatiques, sont absentes).

1992 : LA CONSÉCRATION OLYMPIQUE

Cette année 1992 est une année sur laquelle j'ai décidé de tout miser, Jeux olympiques de Barcelone obligent. Pour être totalement disponible pour ma préparation, j'intègre le Bataillon de Joinville, qui, les années olympiques, détache les athlètes en préparation pour les Jeux.
Dès le début de la saison en extérieur, mes scores sont élevés et mon objectif est de décrocher ma sélection aux championnats d'Europe et aux Jeux olympiques sans brûler trop de cartouches avant.

CHAMPION D'EUROPE À MALTE

Ce premier objectif est atteint, j'irai à Barcelone avec Bruno Felipe et Michaël Taupin, mes deux meilleurs copains d'équipe de surcroît. Pour Malte, lieu des championnats d'Europe, programmés fin juin, le quatrième homme est Eric Unbekand, nous partons tous gonflés à bloc avec l'ambition de faire une médaille par équipe et pourquoi pas un podium individuel. Le championnat se déroule pour la dernière fois avec le règlement de la grande épreuve FITA (24 qualifiés individuels et 12 équipes).
Huitième des qualifications, je suis bien dans le coup et le vent de force 6 ou 7 ne m'a pas perturbé. quatrième des huitièmes de finale, seulement neuvième des quarts, c'est en demi-finale que le podium se dessine ; Zabrodsky les remporte devant moi, suivi de Lipponen. En finale, tout se jouera sur la dernière volée qui se tire à 90 m. Avant les 3 dernières flèches, Zabrodsky mène de 1 point devant Lipponen à égalité avec moi. Le vent est toujours aussi fort et latéral (je place mon viseur au bord de la cible, soit avec une contrevisée de 60 cm environ). 8 et 7 pour Zabrodsky et Lipponen, 9 et 8 pour moi. Dernière flèche, je vais la tirer rapidement comme à mon habitude. J'arme, mon bras bouge à cause du vent et aussi de la fatigue. Je lâche, la flèche vole, vole et se décale inexorablement vers la droite, c'est un 8. Mes adversaires n'ont pas encore tiré. Zabrodsky se décide, il fait un 7, j'aurai au moins l'argent. Il reste Lipponen, il lui faut

un 10 pour égaliser avec moi. Il lâche et fait la grimace, la flèche se plante dans le bleu (5 ou 6). Peu importe, je suis champion d'Europe. C'est une grande joie surtout un mois avant les Jeux Olympiques. Le lendemain, il nous tient à cœur de finir en beauté par équipe. Après un tir plein de rebondissements, nous finissons deuxième, c'est le meilleur résultat par équipe enregistré depuis de très longues années. Michaël Nayrole, notre entraîneur et tout notre entourage manifestent leur satisfaction.

L'APPROCHE DES JEUX

À partir de ce moment commence une période d'euphorie autour de mon titre et on commence à penser sérieusement à moi parmi les prétendants à une médaille à Barcelone. Plutôt amusant, car j'ai envie évidemment de réussir, mais ne ressent pas de pression insurmontable. Maintenant j'attends le jour J, celui des finales, avec impatience.

LA COMPÉTITION OLYMPIQUE

Ça y est, c'est commencé. Je gère le FITA de qualification au mieux et avec 1301, je prends la 14e place, une sorte de position d'attente. Je sais bien que pour faire un podium, il faudra battre des tireurs réputés. À Barcelone, tous mes proches sont derrière moi, mes parents, mes deux jeunes sœurs, Valérie, mon amie et beaucoup d'autres. Le tableau est loin d'être facile, mais c'est le jeu. Au premier tour, j'entre un peu laborieusement dans le tir. Après 6 flèches, j'ai 4 points de retard sur Lim Hee Sik mon adversaire coréen, la deuxième volée m'est nettement favorable et je l'emporte finalement assez facilement par 107 points à 102. En huitième de finale, je dispose encore plus facilement de Han Seung Hoon qui fait pourtant figure d'épouvantail, avec sa troisième place des qualifications, score final 106 à 97. Après la coupure de midi, je rencontre Lipponen en quarts, je sais que c'est un accrocheur après l'expérience vécue des championnats d'Europe. Mais le match tourne court, je gagne ma place en demi-finale par 109 points à 103. Le podium est tout près, mais je sais que cette demi-finale est le match à ne pas perdre, après les écueils écartés depuis le matin autant aller au bout. Martinus Grov est un client sérieux. Le Norvégien m'accroche jusqu'au bout, mais j'ai le dernier mot 110 à 107.

LA FINALE

Je suis en finale, la tribu française est derrière moi et se fait entendre. Mon père d'ordinaire très réservé est déchaîné (on me le dira après). Les média, télévision, radio, presse écrite, photographes sont là en quête de la perf de la journée. J'apprendrai après que Canal + et France 2 ont diffusé ma finale en direct.

Médaille d'or ou d'argent, je n'ai rien à perdre contre mon troisième Coréen de la journée Jae Hun Chung, pour qui c'est tout le contraire. Il est déjà vice-champion du monde et a fini premier des qualifications. Cette finale est à couteaux tirés de bout en bout, une fantastique, une vraie finale, avec tout ce que cela peut avoir de dramatique. Chung commence très fort 27 à 26 après la première volée en sa faveur.
Je reprends mon point de retard sur les trois flèches suivantes, 27 pour moi, 26 pour Chung, nous voici à 53 partout. Plus que 6 flèches.
La pression monte dans la chaleur barcelonaise. Troisième volée statu quo, après 28 points marqués chacun, le score est de 81 partout. L'égalité parfaite à trois flèches de la médaille d'or et je sens que Chung commence à devenir nerveux ; à plusieurs reprises déjà il a soufflé. Ma présence en face de lui (il est droitier et moi gaucher) le perturberait-elle ?
Le tirage au sort de l'ordre de tir fait que c'est moi qui tire en premier la dernière volée. Après un 10 pour moi, Chung craque et commet l'erreur qui lui sera fatale : un 7.
Je ne lui laisse aucune ouverture un tirant un nouveau 10 et lui un 9,1 me Il faut du jaune pour gagner. Surtout ne pas réfléchir, ne pas se déconcentrer, tirer cette dernière flèche comme toutes les autres... c'est un 9, je suis champion olympique et le public exulte. Sans avoir le temps de m'en apercevoir, je suis porté en triomphe par Michaël Nayrole et par notre kiné Marc Saunier.
Ce n'est que sur le podium, en entendant *La Marseillaise*, le drapeau français est hissé sur un mat, la médaille autour du cou et seul avec moi-même que je commence à prendre conscience de ma victoire et que je craque, l'émotion est trop forte. Ce 3 août 1992 est le plus beau jour de ma vie.

CHAMPION OLYMPIQUE DANS LE TOURBILLON MÉDIATIQUE

Après, tout s'accélère, la fin de la journée ne m'appartient pas.
Après une conférence de presse sur le site de Val d'Hébron, Pascal Colmaire m'accompagne au Centre de presse faire la tournée des chaînes de télévision françaises.
Le petit tour en scooter derrière Jean Mamere pour rallier le bateau *Club Med 1*, base française olympique, de laquelle a lieu un plateau en direct pour le Journal de France 2 et où nous fêterons ma médaille, sera la seule bouffée d'oxygène de cette fin de journée.
Le lendemain les choses sérieuses recommencent, c'est le tir par équipe. Après avoir fait le plus dur en battant les Coréens favoris en quart de finale, nous chutons en demi-finale face aux Finlandais et la médaille de bronze nous échappe pour deux petits points au profit de la Grande-Bretagne.

UN TOURNANT DANS MA VIE

À partir de ce moment, rien ne sera plus comme avant. Les sollicitations sont bien sûr très nombreuses, et cela m'amuse plutôt d'y répondre, c'est une forme de reconnaissance et de plus une bonne promotion pour le tir à l'arc (cela me tient à cœur).

Sur le plan sportif, tout change également ; j'ai désormais l'obligation de gagner dans l'esprit de beaucoup, mais paradoxalement je suis moins disponible et moins motivé pour m'entraîner et même pour les compétitions. Il n'est pas facile de gérer un titre olympique obtenu à l'âge de vingt ans.

Dans la foulée de ma médaille d'or, je signe plusieurs contrats qui vont me permettre de vivre à 100 % pour mon sport, de m'acheter un appartement à Clermont-Ferrand où j'ai décidé de m'établir, une voiture qui me plaît et de vivre confortablement au moins pendant quatre ans.

En 1993, je réussis un début de saison correct en vivant sur mes acquis, avec une 4e place au Mondial en salle à Perpignan et une victoire aux Jeux méditerranéens à Pérols.

La fin de saison est plus dure, c'est le revers de la médaille. Je suis éliminé d'entrée dans le tableau final des championnats du monde, heureusement l'honneur est sauf grâce à la médaille d'or remportée par équipe avec Lionel Torres et Eric Unbekand. Une remise en question s'impose.

Début 94, d'un commun accord avec mon entraîneur, je prends la décision de retourner travailler chaque semaine à l'INSEP. Le travail paye. Aux championnats d'Europe à Nymburk, il s'en faut de très peu pour que je remporte un nouveau titre européen, mais ce qui me fait le plus plaisir est le record du monde que j'établis sur l'ensemble des phases finales.

J'ai la sensation d'avoir vraiment repris goût au sport de haut niveau avec ce que cela comporte. J'ai aussi attaqué un plan de formation grâce à mon partenaire le Groupe Crédit national ; cette formation dispensée par l'École Negocia est très générale et peu intensive jusqu'à l'après Jeux, elle est axée sur le monde de l'entreprise et sur la communication.

Le cap est mis sur Atlanta pour les prochains Jeux olympiques, lors desquels je serai dans la peau d'un favori. Un favori bien décidé à réussir.

SÉBASTIEN FLUTE EN BREF

Né le :	25 mars 1972 à Brest
Club :	Stade clermontois
Entraînement :	Centre INSEP (Paris)
Entraîneur :	Michaël Nayrole
Profession :	Gérant de sa propre société « Sébastien Flute et Associés »
Goûts :	Photo, mer, sports mécaniques, plongée, golf, course de fond
Partenaires :	Groupe Crédit national – Ville de Clermont-Ferrand – Yamaha (arc) – Easton (flèches) – Olympe international – Bushnell – Bausch et Lomb (jumelles)
Palmarès :	1989, champion d'Europe junior FITA ; 1991, champion du monde en salle ; 1992, champion olympique et champion d'Europe de tir olympique et 2e par équipes ; 1993, champion du monde de tir olympique par équipes et vainqueur des Jeux méditerranéens individuel et par équipes ; 1994, vice-champion d'Europe individuel et 3e par équipes ; 1995, 2e du Tournoi des Maîtres (Paris - Le Zénith)

Quelques grands noms de l'archerie

QUI SONT LES CHAMPIONS DE TIR À L'ARC ?
DEPUIS DE NOMBREUSES ANNÉES, CERTAINES NATIONS DOMINENT LE TIR À L'ARC MONDIAL. NOUS AVONS CHOISI DE VOUS LES PRÉSENTER, AINSI QUE LES ARCHERS DONT IL FAUT RETENIR LES NOMS.

L'ÉCOLE SOVIÉTIQUE

Les Soviétiques se sont maintenus au plus haut niveau mondial ; en Europe, leur suprématie a été écrasante, jusqu'à la fin de l'existence de l'URSS.
Vladimir Esheev (Kazakhstan) : l'archer des années 80 au palmarès le plus éloquent. Très apprécié et respecté sur tous les pas de tir du monde. Champion d'Europe FITA en 82 et 83. Champion du monde FITA en 1987, médaillé de bronze aux Jeux olympiques de Séoul en 1988, recordman du monde FITA avec 1 352 points et recordman du monde en salle à 18 m avec 591 points jusqu'en 1994. Il est passé aujourd'hui au rôle d'entraîneur.
Stanislav Zabrodsky (Ukraine) : né en 1962 ; champion du monde 89 et d'Europe 90 et vice-champion d'Europe de tir olympique en 92. Médaillé de bronze des championnats du monde en salle et en extérieur en 1993.
Vadim Shikarev (Kazakhstan) : l'un des plus jeunes archers de l'ancienne école soviétique, il a encore un bel avenir devant lui. ; 3e des championnats du monde en salle 91 et FITA 91.
Natalia Butuzova : championne du monde FITA en 1981 et d'Europe de 80 à 83 ; 2e des Jeux olympiques de Moscou en 1980.
Luidmila Arzhannikova : longtemps considérée comme la diva du tir à l'arc mondial. Élégante et talentueuse. Un palmarès impressionnant qui serait trop long à réciter. Malheureusement, elle ne fut jamais médaillée olympique. Championne d'Europe FITA en 86 et 88, en salle en 87.
Elena Tutatchikova (Russie) : championne d'Europe 94.
Natalia Valeeva (Moldavie) : championne d'Europe en salle en 89 à l'âge de dix-huit ans, championne du monde en salle en 91, et 2e en 93, médaillée de bronze aux Jeux olympiques de Barcelone en 92.

L'ÉCOLE AMÉRICAINE

Les États-Unis ont toujours bien su tirer leur épingle du jeu dans les grands rendez-vous.

Les grands archers américains comme Pace et Mac Kinney ont dominé le tir à l'arc des années 70 et 80, et sont encore sélectionnés dans l'équipe américaine.

Darrel Pace : il a détenu le record du monde FITA pendant dix ans (jusqu'en 1989) avec 1 341 points. Champion olympique en 1976 et en 1984 et du monde en 1975 et 1979.

Richard Mac Kinney : champion du monde en 1977, 1983 et 1985, 2e des Jeux olympiques en 1984.

Jay Barrs : champion olympique aux J.o. de Séoul en 1988, champion du monde de tir en campagne 1990 et 1992, vice-champion du monde en salle 1991.

Denise Parker : elle était à quinze ans la plus jeune participante aux J.o. de Séoul. 3e des championnats du monde FITA en 1989, championne du monde juniors FITA en 1991.

L'ÉCOLE CORÉENNE

Les Coréens dominent particulièrement le tir à l'arc féminin mondial en tir olympique depuis les années 70.

Aux Jeux olympiques de Séoul, les Coréennes ont réalisé une performance historique : elles ont remporté le triplé individuel et le titre par équipe.

À Barcelone, Sébastien Flute a eu raison de l' « armada coréenne », battant les 3 archers engagés dans le tableau dont Chung en finale.

Cho Youn Jeong : championne olympique 1992 - vice-championne du monde 93

Chung Jae Hun : vice-champion du monde 1991, vice-champion olympique 1992.

Han Seung Hun : 1er archer classique à avoir réalisé le score parfait sur 30 m : 360 points sur 360 possibles en juin 1994.

Ho Kim : championne du monde en 1979 et 1983.

Kim Su Nyung : un véritable phénomène du tir à l'arc. Elle détenait en 1989 la totalité des records du monde FITA.

Championne olympique, à l'âge de dix-sept ans aux J.o. de Séoul, médaillée d'argent aux J.o. de Barcelone en 1992, championne du monde FITA en 1989 et 1991.

Park Kyung Mo : champion du monde 1993. Vainqueur des Jeux asiatiques 1994.

L'ÉCOLE ITALIENNE

Les Italiens ont toujours eu des vedettes internationales :
Sante Spigarelli
Giancarlo Ferrari : 3e des J.o. de Moscou en 1980 et recordman du monde en salle à 18 m jusqu'en 1986.
Ilario Di buo : champion d'Europe 90.
Andrea Parenti : champion du monde de tir en campagne en 88 et 94.

L'ÉCOLE SCANDINAVE

Même si l'on ne peut parler d'école scandinave, puisque chaque pays a sa structure particulière, on a toujours vu des archers de cette région au plus haut niveau mondial et dans toutes les disciplines du tir à l'arc.

Les Finlandais

Laasonen : champion du monde en 1981.
Jari Lipponen : 3e des championnats d'Europe en 92, médaillé d'argent par équipe aux J.o. de Barcelone, champion d'Europe individuel et par équipe en 94.
Tomi Poikolainen : champion olympique en 1980, champion d'Europe en 1986, 3e des championnats du monde en 1989, médaillé d'argent par équipe aux J.o. de Barcelone, champion d'Europe par équipe en 94.
Nissila : championne du monde de tir en campagne.

Les Suédois

Les frères **Gerd** et **Goran Bjerendal** : parmi les meilleurs mondiaux dans les années 80 aussi bien en tir en salle qu'en tir en campagne.
Mats Palmer : champion du monde de tir en campagne catégorie « bare-bow » en 88 et 90.
Jenny Sjowall : la jeune école suédoise, pas de grand titre, mais des performances du plus haut niveau mondial. Championne d'Europe junior en 89, vice-championne du monde en 90 et championne du monde 94 de tir en campagne.
Petra Ericsson : recordwoman du monde en salle à 25 m avec 592 points en 91 (plus élevé que les hommes). Vice-championne du monde de tir en campagne Compound 94.
Magnus Petersson : recordman du monde en salle à 25 m.

Les Danois

Leur arrivée parmi les meilleures nations mondiales est récente. **Henrik Toft** et **Ole Gammelgaard** en sont les leaders.

LES FRANÇAIS

Les médaillés français aux Jeux olympiques.

1900	Or	**Foulon** (cordon doré perché), **Herouin** (cordon doré), **Mougin** (chapelet), **Grumiarry** (perche pyramide,
1908	Or	Grisot (style continental à 50 m),
1912	Or	Brulé (à 50 m),
1920	Argent	Quentin, Brulé, Fauvel, Grisot, Richez, Leroy, Mabellon, Epin (à 33 m et à 50 m),
	Bronze	Même équipe à 28 m.

Les autres grands noms du tir à l'arc
Fernand Simon, Jacques Becken : recordman du monde à 50 m en 1965,
Albert Le Tyrant, Thierry Venant, né en 1960, recordman du monde en salle à 18 m avec 590 points en 1987,
Marie-Christine Ventrillon, devenue Mme Nungesser, elle a représenté la France aux J.o. de 72 à Munich,
Annie Dardenne, née en 1950 double championne du monde de tir en campagne catégorie « bare-bow » en 80 et 86,
Nadine Visconti, championne du monde de tir en campagne catégorie « bare-bow » en 90 et 92,
Odile Boussière ; elle succède à **Dardenne** et à **Visconti** au palmarès des championnats du monde en arc nu.
Catherine Pellen, née en 1958, 3e des championnats d'Europe FITA en 88, vice-championne du monde de tir en campagne en 88 et 92 catégorie tir libre, vainqueur des Jeux mondiaux en 89, quart de finaliste des Jeux olympiques de Séoul en 88. Elle passe à l'arc à poulies en 95.
Valérie Fabre : après avoir été membre de l'équipe de France en arc classique, après un accident, elle fait une superbe reconversion en arc à poulies. Vice-championne du monde de tir en campagne en arc à poulies en 90, 3e en 92 et 2e par équipe en 94. 3e des championnats d'Europe de tir olympique et vainqueur par équipe en 94 (avec **Michèle Deloraine** et **Sophie Cordier**).

PALMARÈS DES FRANÇAIS DEPUIS 1986

1986... L'année du déclic...
Championnats d'Europe FITA :
Médaille de bronze par équipe dames (Marest - Turazzi - Bazin).
Tir en campagne championnats du monde.
Championne du monde dames sans viseur : Annie Dardenne.
Équipe de France : championne du monde par équipe.
Médaille de bronze tir libre dames : Catherine Pellen.

1987

Championnats d'Europe salle Paris-Bercy :
équipe dames : vice-championne d'Europe (Hibon -Pellen - Bazin).
Équipe messieurs : médaille de bronze (Venant - Weis - Felipe).
Championnats du monde de tir olympique Adélaïde.
médaille de bronze par équipe dames (Hibon - Pellen - Saurin).
Thierry Venant : record du monde individuel à 18 m en janvier 1987.
Championnats d'Europe FITA juniors : médaille d'argent par équipe masculine (Simon, Sauvard, Belay) ; médaille de bronze par équipe féminine (Ferriou - Dupont - Rouillard).

1988

Tir en campagne : championnat du monde Bolzano (Italie) :
championne du monde juniors dames tir libre : Carole Ferriou.
Vice-champion du monde juniors hommes tir libre : Martial Simon.
Vice-championne du monde tir libre dames : Catherine Pellen.
Médaille de bronze dames arc nu : Nadine Visconti.
Médaille de bronze par équipe.
Tir olympique : championnat d'Europe Luxembourg :
médaille de bronze individuelle : Catherine Pellen.

1989

Championnat du monde de tir olympique Lausanne (Suisse) :
demi-finaliste hommes : Bruno Felipe.
Finaliste par équipe hommes.
Jeux mondiaux de tir en campagne Karlsruhe (RFA) :
médaille d'or : Catherine Pellen (tir libre), Nadine Visconti (arc nu).
Championnats d'Europe tir olympique juniors :
médaille d'or garçons : Sébastien Flute.
Médaille d'or par équipe garçons (Flute, Rouillard, Taupin).
Médaille de bronze par équipe filles (Bonal, Dupuy).

1990

Championnat d'Europe de tir olympique Barcelone (Espagne) :
6e individuelle dames : Séverine Bonal.
4e par équipe hommes : Heck - Felipe - Rouillard.
Championnat du monde de tir en campagne Loen (Norvège) :
championne du monde tir libre dames : Carole Ferriou.
Championne du monde arc nu dames : Nadine Visconti.
Vice-championne du monde arc à poulies dames : Valérie Fabre.

1991

Championnat du monde de tir en salle : Oulu (Finlande) :
Champion du monde arc classique hommes : Sébastien Flute.
Médaille de bronze arc classique dames : Séverine Bonal.
Championnat du monde de tir olympique Pologne (Cracovie) :
6e individuel hommes : Sébastien Flute
Championnat du monde juniors Norvège (Sandefjord) :
2e par équipe hommes (Rey - Dellenbach - Millet).

1992
Championnats d'Europe de tir olympique (Malte) :
champion d'Europe : Sébastien Flute.
Équipe masculine (Flute - Felipe - Taupin) 2e.
Jeux olympiques de Barcelone
Médaille d'Or : Sébastien Flute.
Équipe Masculine : 4e : Flute - Felipe - Taupin
Équipe féminine : 4e : Bonal - Hibon - Gabillard.
Championnats du monde de tir en campagne (Maastricht - Pays-Bas)
médaille d'or : Carole Ferriou (tir libre) - Nadine Visconti (Arc nu)
Médaille d'argent : Catherine Pellen (tir libre) - Jean-Paul Laury (tir libre).
Médaille de bronze : Valérie Fabre (arc à poulies) - Jean-François Maranzana (arc nu).

1993
Championnats du monde en salle (Perpignan - France) :
3ème Hélène Joigner (arc à poulies).
Championnats du monde de tir olympique (Antalya - Turquie).
Médaille d'or : Equipe masculine (Flute - Torres - Unbekand).

1994
Championnats d'Europe de tir olympique (Nymburk - Rép. Tchèque) :
1e : équipe féminine arc à poulies : Fabre - Cordier - Deloraine.
2e : Sébastien Flute (arc classique).
3e : Séverine Bonal (arc classique).
Valérie Fabre (arc à Poulies).
Équipe masculine (arc classique) : Flute - Duborper - Torres.

Championnats du monde de tir en campagne (Vertus - France) :
1e : Odile Boussiere (arc nu)
Équipe de France masculine (Boistard - Laury - Maranzana).
2e : équipe de France Féminine (Boussiere - Fabre - Ferriou).

1995
Tournoi des Maitres (Paris - Le Zénith) :
2e : Sébastien Flute.

Annexes

Records du monde et de France

ARC OLYMPIQUE OU ARC CLASSIQUE

TIR OLYMPIQUE (EN EXTERIEUR)

État au 30/11/94 Distance	Monde		France	
	Hommes	Femmes	Hommes	Femmes
90/70 m	330 Vladimir Esheev URSS 1990	338 Youn-Jeong Cho KOR 1992	317 Thierry Venant 18/9/93	322 Catherine Pellen 19/7/94
70/60 m	334 Hiroshi Yamamoto JAP 1990	347 Soo-Nyung Kim KOR 1994	338 Thierry Venant 27/6/93	334 Nathalie Hibon 25/6/94
50 m	348 Seung-Hun Han KOR 1994	340 Jung Lim KOR 1994	342 Sébastien Flute 20/7/94	329 Séverine Bonal 20/7/94
30 m	360 Seung-Hun Han KOR 1994	357 Joanne Edens GBR 1990	356 Olivier Rouillard 23/5/94	352 Séverine Bonal 20/07/94
FITA individuel	1354 Seung-Hun Han KOR 1994	1375 Youn-Jeong Cho KOR 1992	1331 Sébastien Flute 27/6/93	1321 Séverine Bonal 20/7/94
Match individuel (12 flèches)	119 Kyung-Mo Park KOR 1993	117 Hyo-Jeong Kim KOR 1993	115 Sébastien Flute 4/9/94	112 Nathalie Hibon 21/7/94
Match individuel (18 flèches)	175 Vadim Schikarev KAZ 1994	171 Hee-Jeong Han KOR 1994	173 Ludovic Cotry 21/8/94	165 Séverine Bonal 21/7/94
Match individuel (72 flèches)	678 Sébastien Flute FRA 1994	655 Jung Lim KOR 1994	678 Sébastien Flute 4/9/94	648 Séverine Bonal 22/7/94

RECORD EN SALLE (SUR 600 POINTS)

Distance	Monde		France	
	Hommes	Femmes	Hommes	Femmes
18 m (60 flèches)	595 Richard Johnson USA Janvier 1995	587 Denis Parker USA 1989	590 Thierry Venant 18/1/87	578 Séverine Bonal 22/1/95
25 m (60 flèches)	593 Magnus Petterson SUE 1993	592 Petra Ericsson SUE 1991	592 Lionel Torres 17/1/93	578 Nathalie Hibon 22/12/91

ARC À POULIES OU COMPOUND

TIR OLYMPIQUE (EN EXTERIEUR)

État au 30/11/94	Monde		France	
	Hommes	Femmes	Hommes	Femmes
90/70 m	328 David Hale USA 1994	331 Lillian Jarvis CAN 1993	326 Hervé Barczynski 18/9/93	323 Sophie Cordier 19/7/94
70/60 m	338 Clint Freeman AUS 1994	334 Lillian Jarvis CAN 1993	337 Dominique Guyon 27/6/93	333 Michèle Deloraine 25/6/94
50 m	337 Simon Tarplee GBR 1993	332 Michelle Ragsdale USA 1994	337 Gérard Douis 20/7/94	331 Michèle Deloraine 20/7/94
30 m	349 Jeff Button USA 1993	346 V. Fabre/FRA H. Nelson/SWE E. Olsson/SWE 1994	348 Dominique Genet 23/5/94	346 Valérie Fabre 20/7/94
FITA individuel	1337 Mario Ruele ITA 1994	1324 Lillian Jarvis CAN 1993	1326 Dominique Guyon 27/6/93	1311 Valérie Fabre 20/7/94
Match individuel (12 flèches)	119 John Vozzy USA 1994	117 Glenda Penaz USA 1994	111 Thomas Randall 4/9/94	111 Valérie Fabre 21/7/94
Match individuel (18 flèches)	177 Hirk Ethridge USA 1994	178 Theresa Fozio USA 1994	168 Daniel Schneider 21/8/94	160 Sophie Cordier 21/7/94
Match individuel (72 flèches)	660 Tom Henriksen DEN 1994	à homologuer	657 Stéphane Guillard Philippe Humez 04/09/94	à homologuer

RECORD EN SALLE (SUR 600 POINTS)

Distance	Monde		France	
	Hommes	Femmes	Hommes	Femmes
18 m (60 flèches)	596 Dee Wilde USA Déc 1994	583 Theresa Fozio USA Oct 1994	590 Dominique Genet 11/12/94	583 Michèle Deloraine 14/1/95
25 m (60 flèches)	582 Niels Baldur DAN Jan. 1995	570 Suzanne Kessler Jan 1995	579 Jean-Paul Laury 18/12/94	à homologuer

Glossaire

Allonge du tireur : lorsque l'arc est en tension, c'est la distance en centimètres entre le creux de l'encoche et le clicker.

Amortisseur : élément fixé sur le stabilisateur qui absorbe les vibrations.

Amplitude : se définit par la distance entre l'entrée du câble secondaire et son point de sortie.

Arc classique : catégorie d'arc représentée dans toutes les disciplines internationales. Démontable, il peut être avec ou sans viseur.

Armer ou armement : action de mise en tension de l'arc.

Avantage : comptabilise les points à l'avantage lorsque l'impact se situe à la limite de deux zones (cordon).

Band : l'arc bandé au repos, c'est la distance en centimètres entre le creux de la poignée et la corde.

Bander : action de placer la corde sur l'arc ; action de mise en tension de l'arc.

Bandoir : accessoire qui permet de bander la corde sur l'arc.

Bare-bow : terme anglais qui veut dire « tir sans viseur », ou « arc nu ».

Berger button : accessoire permettant le réglage de la flèche en absorbant, en partie, le paradoxe de cette dernière.

Beursault : tir traditionnel pratiqué à 50 m dans un jeu d'arc, existant sur le plan national.

Biathlon : associe la pratique du tir à l'arc et du ski de fond.

Blason : carte en papier que l'on met sur la cible, ayant valeur de marque. Il varie en fonction de la spécialité pratiquée.

Bracelet : accessoire qui protège l'avant-bras d'arc, lors du lâcher.

Bras d'arc : bras qui tient l'arc.

Bras de corde : bras qui tracte la corde.

Brins : fils qui composent la corde.

Butte ou ciblerie : objet sur lequel est fixé le blason.

Carquois : accessoire qui contient les flèches.

Cible ou ciblerie : objet sur lequel est fixé le blason.

Clicker : terme anglais signifiant « contrôleur d'allonge ». C'est une lame métallique placée contre la joue intérieure de la fenêtre d'arc.

Compound : arc à poulies permettant de diminuer la puissance à l'allonge du tireur.

Dacron : matériau utilisé pour les cordes d'initiation.

Décocheur : accessoire parfois utilisé avec l'arc compound, permettant le lâcher de corde par pression d'un doigt sur un bouton.

Détalonnage : mesure en millimètres du point d'encochage par rapport au point zéro.

Dragonne : accessoire reliant l'arc aux doigts de la main d'arc.

Échappement : (phase d') moment du lâcher de la corde.

Empennage : désigne les plumes.

Empenneuse : appareil qui permet de coller les plumes sur le tube.

Encoche : élément en plastique moulé, que l'on place à l'extrémité de la flèche et qui reçoit dans son creux la corde.

Équerre : accessoire pour mesurer le band et le détalonnage.

Équilibrage : ensemble des stabilisateurs placés sur l'arc.

Excentrique : poulie excentrée située à l'extrémité de la branche.

Fast Flight : matériau pour les cordes de compétition.

Fausse corde : accessoire permettant de monter la corde sur l'arc.

FFTA : Fédération française de tir à l'arc.

Fédéral : le tir fédéral est une spécialité nationale, pratiquée à l'extérieur à 50 et 30 m.

Fenêtre d'arc : partie centrale du corps de l'arc qui reçoit le repose flèche.
Field : tir en campagne. Spécialité internationale.
FITA : Fédération internationale de tir à l'arc.
FITA : tir aux distances olympiques sur 144 flèches.
FITA salle : tir aux distances de salle sur 120 flèches.
Free style (catégorie en tir en campagne) : tir avec viseur et accessoires.
Fût : le tube de la flèche.
Golf-archerie : spécialité de loisir qui associe le golf et le tir à l'arc.
Gorges : dessin sur la face postérieure des branches qui reçoit le tranche fil supérieur et inférieur de la corde.
Grip : sur poignée en plastique ou en bois située au centre du corps de l'arc et qui permet de bien tenir l'arc.
Groupement : notion qui définit la précision du tir par le positionnement des flèches entre elles.
Hauteur d'arc : distance exprimée en pouces d'une poupée à l'autre.
Honneur : flèche envoyée en cible au beursault.
Indoor : type de tir « en salle ».
Insert : certaines pointes n'ont pas de manchon, elles se vissent sur un insert dont la fonction est de recevoir des pointes de poids différents.
Jeu d'arc : aire de tir au beursault.
Kevlar : matériau utilisé pour les cordes de compétition (de moins en moins utilisé).
Lâcher : action d'ouverture des doigts pour libérer la corde.
Limbs : branches d'un arc.
Livre : mesure anglaise qui équivaut à 454 g. La puissance d'un arc est exprimée en livres.
Longbow : arc monobloc utilisé en chasse et en parcours nature.
Main d'arc : main qui tient l'arc.
Main de corde : main qui tire la corde.
Manchon : partie de la pointe ou de l'encoche qui vient s'insérer à l'intérieur du tube.
Marque : la feuille de marque permet de noter le résultat en cible.
Nock : encoche de la flèche.
Palette : accessoire qui protège les doigts au moment du lâcher.
Paradoxe : réaction de la flèche au moment du lâcher.
Pas de tir : emplacement des pieds du tireur au moment du tir, indiqué par un marquage au sol : piquet, ligne.
Peson : appareil qui permet de mesurer la puissance de l'arc.
Plancher de la fenêtre d'arc : surface horizontale à la base de la fenêtre d'arc formant un angle droit avec la joue.
Plastron : accessoire évitant le frottement de la corde sur les vêtements flottants ou la poitrine.
Poignée : c'est le corps de l'arc.
Point d'encochage : repères constants sur la corde qui reçoivent l'encoche.
Point de pression : lorsque l'arc est en tension, c'est le point de contact le plus important entre le grip et la main d'arc.
Pointe : embout de la flèche.
Poupée : désigne à la fois l'extrémité de la branche et de la corde.
Primaire (câble) : adjectif définissant les câbles se situant au centre de l'arc à poulies.
Puissance marquée : elle est exprimée en livres sur la branche inférieure de l'arc.
Puissance réelle : arc pesé à l'allonge du tireur.
Repose-flèche : accessoire situé sur la fenêtre de l'arc, sur lequel repose la flèche.
Secondaire (câble) : adjectif définissant les câbles se situant en sortie de poulie sur lesquels la corde vient se fixer.
Shaft : fût d'une flèche.
Spine : terme anglais qui exprime le coefficient de rigidité défini à partir du milieu du tube.
Stabilisateur : accessoire d'équilibrage de l'arc.
Système de visée : formé par quatre points (fil, œilleton du viseur, main d'arc,

main de corde).
Target : cible, blason.
Tiller : distance mesurée en centimètres qui se situe entre le talon de la branche une fois enclenchée dans la poignée et la corde (arc bandé au repos).
Tir au drapeau : spécialité de loisir.
Tir libre : il se pratique avec un arc classique en tir en campagne.
Trait : repère sur le viseur définissant la hauteur de l'œilleton par rapport à la distance.
Tranche-fil : fil qui protège la corde pour éviter l'usure à l'endroit où se placent les doigts et la flèche.
Trispot : (blason trispot) utilisé principalement en tir en salle, là où les archers sont très précis et risquent d'envoyer leurs flèches tellement proches les unes des autres, et de les abîmer. Un blason trispot est composé de trois petites cibles destinées à recevoir chacune une flèche. Chaque spot ne comprend que les zones de point de 10 à 6.
Tube : c'est le fût de la flèche.
V Bar : stabilisateurs positionnés en « V » au niveau de la poignée d'arc.
Visette : située sur la corde, c'est un point de visée supplémentaire qui s'aligne avec le viseur.
Viseur : accessoire fixé sur l'arc et permettant de viser directement la cible.
Visuel : petit morceau de papier ou de blason utilisé lors d'un test de réglage ou d'un travail technique, il est fixé directement sur la butte de tir (paille).
Volée : nombre de flèches tirées l'une à la suite de l'autre par un même tireur, sur une même cible (en compétition : volée de 3 flèches).

Quelques expressions d'archers

Faire une paille : envoyer la flèche hors des zones de marquage de points du blason. Cette expression est due au fait que les cibles sont en paille compressée le plus souvent. On la trouve dans tous les manuels d'arbitrage.
Faire une brosse : même signification que « faire une paille », mais plus familière.
Faire une taupe : envoyer la flèche hors de la cible et la faire atterrir plantée dans l'herbe et même quelquefois sous l'herbe (péjoratif !).
Faire un spot : expression de tir en campagne qui signifie envoyer la flèche au centre de la cible.

Quelques adresses utiles

FÉDÉRATION FRANÇAISE DE TIR À L'ARC
268 et 270, rue de Brément
93561 Rosny-sous-bois cedex
Tél : (1) 48 12 12 20 - Fax : (1) 48 94 23 48

CENTRE RÉGIONAL D'ARCHERIE DE COMPIÈGNE
(Initiation et stages toute l'année)
ZAC de Mercières - Zone 4
60200 Compiègne
Tél : 44 23 21 28

COMPLEXE D'ARCHERIE DE MOLIETS
(Terrain FITA et parcours field et salle permanents)
Club house – 40660 Moliets
Tél : 58 48 54 65

ARC CLUB DE NÎMES
(Terrain FITA et salle permanents)
Tél : 66 84 21 50

MAGAZINE BIMESTRIEL : « LE TIR À L'ARC »
édité par la Fédération française de tir à l'arc
(mêmes coordonnées que la FFTA)

QUELQUES DÉTAILLANTS

LYON ARCHERIE
163, av. Franklin-Roosevelt
69500 Bron – Tél : 72 37 34 64

CHEYENNE ARCHERIE
Le Mesnil Theribus
60240 Chaumont en Vexin
Tél : 44 47 66 22

CHEYENNE PARIS EST
(Champigny-sur-Marne)
Tél : (1) 48 83 03 03

MUSÉE DE L'ARCHERIE
13 rue Hippolyte Clair
60800 Crepy en Valois
Tél : 44 59 21 97

CHEYENNE ARCHERIE
(St Éloi-Louargat 22540)
Tél : 96 43 14 47

SOLOGNE ARCHERIE
45, av. de Belleville
41300 Salbris
Tél : 54 97 26 76

STAR
24, rue Richelieu
37000 Tours
Tél : 47 61 00 28

LA BOUTIQUE DE LA FFTA
Tél : (1) 48 12 12 22

CENTRE-OUEST ARCHERY
2, rue Léonard-de-Vinci - ZAC de Belle-Air
17440 Aytre-la-Rochelle
Tél : 46 45 20 34

FRANCHE ARCHERIE
4 et 6, rue Ferdinand-Foureau
75012 Paris
Tél : (1) 43 44 00 24

DIANE ARCHERIE
110, Bld Jean-Jaurès
93190 Livry-Gargan
Tél : (1) 43 51 95 69

GOLD ARCHERY
4, Av Gustave-Streseman
92150 Suresnes
Tél : (1) 47 72 55 71

POUR TOUTE INFORMATION SUR LES CLUBS, LES COMPÉTITIONS, LA LICENCE, CONSULTEZ LE SERVICE MINITEL DE LA FFTA. TAPEZ : 3615 CODE FFTA.

Table des matières

Bibliographie

Brassat Bernard : *La Belle Histoire du noble jeu de l'arc en pays de Brie*, éditions Amtteis 1991.
Camilly Jérôme - Normand Jacques : *L'Arme de vie*, éditions de la Table ronde.
Charpentier Henri : *La Grande Histoire des médaillés olympiques français*, Robert Laffont, 1992.
Chaste Daniel - Chaptal Frédéric : *La Chasse à l'arc*, éditions J.C. Clément.
Daubigny André - Lunzenfichter Alain : *Musculation pour tous les sportifs*, Robert Laffont, 1992.
Desrosby Gilles : *Tir à l'arc - Chasse - Compétition - Loisir*, JCL Éditions 1989.
Dubay Pierre : *Arc et arbalète*, éditions Albin Michel.
FFTA : *Revue fédérale de tir à l'arc de 1927 à nos jours.*
FFTA : *Manuel de formation de l'initiateur* - 2e trimestre 1990.
FFTA : *Manuel de formation de l'archer* - 2e trimestre 1990.
FITA : *Bulletin de la FITA de 1931 à nos jours.*
FITA : *Constitution and Rules.*
Hardy Robert : *Le Grand Arc.*
Henderson Al : *Objectif le Jaune*, éditions Revue EPS février 91.
Lecaille Jean-Marc : *Chasse à l'arc* - Gerfaut Club.
Legarrec Michel - Leroyer Pierre : *Le Tir à l'arc* - collection à découvrir et pratiquer, Bornemann - juillet 1990.
Nayrole Mickaël - Simon Francis : *Tir à l'arc*, Denoël - mai 1990.
Rhode Robert : *Histoire de la FITA* en trois volumes 1931-1961, 1962-1983, 1984-1991.
Roth Robert : *L'Histoire de l'archerie*, éditions Max Chaleil - mars 1992.
The Glade, magazine anglais.
US Archer, magazine américain.

Crédit photo

Abad, 16, 36, 72 (1-2-3-4-5), 73 (6-7).
Abad/Presse-Sports, I, IX.
Bardou/Presse-Sports, 135.
Boutroux/Presse-Sports, X, XI, XII (haut et bas), XIII, XIV (haut et bas), XV.
Demartignac/Presse-Sports, 19, 122 (bas), V.
Haslin, 25 (bas), 38, 121, IV (bas).
Hibon/FFTA, 122.
Macel, 37.
Musée de l'Archerie, 4, 9 (haut et bas).
Presse-Sports, II, XVI.
Seguin, 6, 22, 33, 35 (haut et bas), 114, 130, III, IV (haut), VI, VII.
Seguin, FFTA, 25 (haut), I (bas).

COLLECTION SPORTS POUR TOUS

Nouvelle série

Courir	Cordner Nelson, Alain Billouin
Plongée sous-marine	Charles Oliviero
Tir-à-l'arc	Carole Ferriou, Sébastien Flute, Laurence Frère
Volley-ball	Gilles Petit, Gérard Castan

À paraître

Moto	Christian Lacombe
VTT	Patrick Hennet

REALISATION

EDITIONS

PHILIPPINE

PHILIPPE SCALI

AVEC LA COLLABORATION DE

CATHERINE BONIFASSI CDM, MARGUERITE CHARREAU,

JEAN-PIERRE COIN, NATHALIE CORNETTE,

FLORENCE DEVESA, FABRICE EPELBOIN, JUSTINE GENTIL, GALI MART,

FLORENT BERGER, CLAUDE GENTILETTI, GENEVIÈVE CHRÉTIEN,

THOMAS BLANCHET, LUCAS SCALI, BENJAMIN FALSATA, GUY LAGRANGE.

Imprimerie Hérissey à Évreux
N° d'impression : 69238
N° d'édition : 36233
Dépôt légal : juin 1995